Le Marketing des Ressources Humaines

Attirer, intégrer
et fidéliser les salariés

Philippe LIGER

2e édition

DUNOD

Avec l'aimable autorisation d'Etienne Segrétain,
auteur du *Marketing des Ressources Humaines*, Maxima, 1997.

ISBN 978-2-10-050887-7

Table des matières

Remerciements à Patrick, Pascale, Anaïs et Lucas
pour leur aide à la réalisation de ce livre.

« Je crois aux groupes stables et si je garde longtemps mes musiciens c'est parce que je ne les engage pas à la légère.

Je ne prends personne avec moi sans être absolument persuadé de son talent.

Et j'ai la conviction que, pour garder un groupe, il faut faire une place de choix à chacun de ses composants, mettre chaque musicien dans son élément pour qu'il donne le meilleur de lui-même. »

Bill Evans[1]

1. *In* Noël Balen, *L'Odyssée du Jazz*, Liana Levi, 2003.

- directeur MK-RH
- Accor / Groupama → pionniers en MKRH
- cours MK-RH
- IGSP (groupe ESA)
- Attirer, fidéliser, intégrer les salariés,
- Nouveau rôle aux DRH
- HR MKG.

Introduction

Marketing et ressources humaines : un mariage étonnant

Aujourd'hui, l'expression « marketing des ressources humaines » laisse nombre d'interlocuteurs perplexes et certains auditoires dubitatifs, quand elle ne provoque pas un rejet de la part de celles et ceux qui ont une vision classique du rôle d'une direction des ressources humaines dans les organisations.

Le mot « marketing » évoque encore trop souvent les techniques utilisées par la publicité pour faire consommer tel produit ou tel service à des consommateurs réputés sinon « manipulés », du moins influencés pour acheter quelque chose dont ils auraient sans doute pu se passer. De façon sous-jacente, c'est la notion de libre arbitre que le marketing remettrait en cause, la capacité de l'individu à exercer son libre choix.

Le marketing souffre sans doute en France de son origine anglo-saxonne : que n'a-t-on pas mis en avant depuis des décennies la réticence des Français à valoriser ce qui relève du commercial, longtemps considéré comme du domaine des bonimenteurs et des tireurs de sonnettes. Le marketing, réputé participer à la construction et à l'expression du discours commercial, peine à être bien défini, connu et donc considéré comme une discipline sérieuse et digne de considération dans la patrie de Descartes.

Accoupler le mot marketing à celui de ressources humaines revient dès lors à vouloir marier la carpe et le lapin, concilier des inconciliables, bref, proférer une monstruosité.

Les ressources humaines seraient-elles un domaine trop sérieux pour être confiées au marketing ? Soulignons d'emblée qu'il n'est pas dans notre propos d'opérer une quelconque substitution entre les fonctions ressources humaines et celles du marketing dans les entreprises : chacun son métier. Mais de même que les responsables ressources humaines se sont peu à peu familiarisés avec la communication interne, jusqu'à en assurer la charge au détriment parfois des « dircom »[1], il va leur falloir apprendre à se servir des techniques issues du marketing, pour **attirer** le futur collaborateur (le séduire), l'**intégrer** (l'accueillir) et le **garder** (le fidéliser) à l'instar d'un client d'une marque qui serait dans ce cas celle de l'entreprise employeur. Le contexte économique, démographique, social, politique et même moral n'a plus rien à voir avec celui des « Trente Glorieuses » ni avec celui des années « calamiteuses ». Nous entrons dans **l'ère de la complexité sociale.**

Celle-ci résulte des vingt ans de crise que nous venons de connaître et qui a marqué durablement les esprits et la mémoire collective. Elle provient de la multiplication des situations et des attitudes face au travail qui n'est plus une valeur de référence centrale. Creuset de cette valeur travail, l'entreprise n'est plus cette nouvelle frontière que chacun souhaite atteindre et dépasser mais ressemble pour beaucoup à un mirage, une réalité trop souvent virtuelle. Et pour

1. Directeurs de la communication.

finir, la **montée de l'individualisme** rend plus difficile la formation de nouvelles solidarités ou d'un partage de valeurs sociales.

Réinventer des modèles cohérents et clairs

➤ Besoin de repères

Il faut donc réinventer des modèles et bâtir de nouveaux repères dans un monde qui en manque singulièrement. Les directions des ressources humaines sont bien placées pour vérifier que les organisations sont devenues « globales ». Les frontières qui existaient autrefois entre directions « fonctionnelles » et « opérationnelles » tendent à disparaître, les évolutions au sein des entreprises ne sont plus linéaires, la gestion du plan de carrière fait place au management des compétences, les changements sont de plus en plus rapides et les situations à gérer de plus en plus nombreuses et complexes. Jamais pourtant la force des organisations, qui doivent posséder leurs règles du jeu, n'a autant dépendu de leur capacité à produire de la cohérence et du sens c'est-à-dire de la compréhension de la stratégie ou plus simplement de la clarté des objectifs de l'entreprise et de ceux de chacun des collaborateurs dans leur propre équipe et pour eux-mêmes.

➤ Un environnement inédit

Sous la pression de l'opinion, le marketing a lui-même opéré sa mutation. Il est passé d'une logique produit à celle infiniment plus complexe du service et de **la relation client** et n'a plus grand-chose à voir avec ce qu'il était, quand il produisait un discours déconnecté des réalités d'une marque. De même que les décalages qui pouvaient exister entre le discours publicitaire d'une marque et certaines de ses pratiques, sociales ou environnementales par exemple, ne sont plus admis par le public – parce qu'intérieur et extérieur sont désormais mêlés –, de même les ressources humaines ne peuvent plus se contenter de gérer des flux de personnel, entrants et sortants, sans prendre en compte ou plutôt être associées à la définition des objectifs stratégiques de leur organisation par rapport à son environnement. Tout simplement parce que cet environnement est totalement inédit.

La pénurie de main-d'œuvre

C'est là d'abord qu'intervient la dimension marketing. Sur un marché qui se caractérise de plus en plus par une raréfaction des ressources humaines qualifiées, les entreprises doivent apprendre à optimiser ces ressources en utilisant la diversité de compétences et la complémentarité des formations et des cultures de leurs collaborateurs pour en faire un **avantage concurrentiel**. Les directions des ressources humaines doivent commencer à se lancer dans une **ingénierie des connaissances**, des compétences, et donc du **patrimoine culturel et humain** de leur organisation. Mais elles doivent aussi trouver les ressources nouvelles qui risquent de manquer, comme nous allons le voir. Pour faire face à cette pénurie annoncée, les directions des ressources humaines vont devoir, ni plus ni moins, mettre en œuvre des règles nouvelles et utiliser toutes les techniques du marketing dans son acception la plus noble envers ceux que certains appellent déjà, néologisme peu élégant, des « cliemployés ». Cette approche marketing doit donc être avant tout mise en œuvre pour connaître, mieux traiter, reconnaître les collaborateurs d'une entreprise, comme elle l'a fait de façon de plus en plus systématique pour ses clients. C'est en réalité une véritable démarche de progrès dans la mesure où elle considère le collaborateur en tant qu'individu à part entière.

À la recherche d'un sens perdu et d'une relation nouvelle

De la défensive, les entreprises avec leur directeur des ressources humaines doivent passer à l'offensive. C'est-à-dire se convertir à la **différenciation**, à la **segmentation**. Elles doivent renoncer à reproduire les mêmes schémas pour réinventer en permanence les relations entre leurs collaborateurs, leurs partenaires, comme elles le font déjà avec leurs clients et leurs actionnaires. Elles inscrivent leurs actions dans la durée en allant puiser dans leur histoire, leurs mythes fondateurs, pour retrouver et réaffirmer leurs valeurs vraies qui leur permettront de mieux affronter l'avenir en assumant une identité forte partagée avec tous leurs publics. Pour combattre le désenchantement qui a envahi le monde du travail et les relations des uns et des autres avec celui de l'entreprise, il leur faut également ni plus ni moins réintroduire des notions de **sécurité**, de **solidarité** et d'**éthique**, et les décliner à tous les niveaux de l'entreprise, pour redonner aux individus la confiance sans laquelle il n'est pas possible de progresser dans une relation qui sera désormais exigée comme devant être gagnant/gagnant.

Car par-delà la variation des courbes statistiques et du cours des actions, c'est la performance et donc la motivation de tous les collaborateurs de l'entreprise qui lui permet de s'inscrire durablement dans une **logique de profit** sans laquelle elle n'a pas de raison d'être. Plus que de conciliation, c'est un **travail de réconciliation** auquel les entreprises et leurs DRH doivent convier leurs collaborateurs, actuels et futurs.

Le marketing RH : une approche simple, un enjeu stratégique

Un objectif ambitieux, mais essentiel, de positionnement culturel, identitaire, comportemental, nécessite une approche stratégique, autrement dit sa prise en charge par les directions générales des entreprises. Si la maîtrise d'œuvre de ce grand chantier est naturellement confiée à la direction des ressources humaines, dont l'action devient éminemment transversale, le maître d'ouvrage qui en assure la légitimité est bien la direction générale, de façon à ce que les actions décidées en commun soient appropriées et relayées par l'ensemble du management.

Rien de nouveau dans le discours, diront les plus avertis ou les plus blasés ! Mais justement le discours, cette fois, va devoir être traduit en actes, car la réalité est là : situation démographique, attitudes face au travail, évolutions des styles de vie, dévalorisation de filières vitales dans l'équilibre socio-économique, le cocktail est explosif. Du jour au lendemain, les entreprises, petites et grandes, vont, paradoxalement, devoir passer d'une situation où elles avaient le plus souvent à gérer des sureffectifs, malheureusement souvent peu qualifiés, à un monde où **la rareté tendra à devenir la nouvelle norme**, sans que les qualifications recherchées soient nécessairement au rendez-vous ni que le chômage disparaisse. Ce n'est pas là le moindre des paradoxes.

Le taux de chômage, même avec une tendance à la baisse, s'élève à 8,8 %. Or les entreprises éprouvent toujours des difficultés à recruter en CDI, et plusieurs études montrent que les principales raisons sont au nombre de trois : pénurie de main-d'œuvre, décalage entre profils des candidats et critères des entreprises, mauvaise image du métier ou du secteur. Dans un article intitulé « En pleine santé, la construction peine à embaucher », parue dans *Le Figaro*[1], Christian Baffy, le président de la Fédération Française du Bâtiment déclare : « Nous souffrons d'un décalage d'image. La réalité de nos métiers n'est pas connue. » Le journaliste Keren Lentschner précise que « dopé par le boum de l'immobilier, le bâtiment a cruellement besoin de main-d'œuvre. En outre les départs en retraite

1. 21-22 octobre 2006.

s'accélèrent. D'ici 2010, les perspectives d'embauche pourraient concerner 420 000 personnes. À condition de trouver du sang neuf. »

Des entreprises ont déjà commencé à prendre la mesure du changement en cours et travaillent à la mise en place effective de projets de marketing des ressources humaines. Ainsi le groupe Accor puis la société d'assurances Groupama ont, les premières, créé une **direction du marketing RH**.

À l'inverse, d'autres entreprises n'ont aucune conscience des difficultés qui les attendent encore, d'autres enfin les entraperçoivent mais n'ont mis aucun dispositif en place.

Chaque entreprise, quels que soient son secteur d'activité et même sa taille, va devoir créer, à sa mesure, les conditions de son attractivité, réfléchir à sa problématique de ressources humaines en termes marketing. Un **marketing orienté client**. Client ? L'employé devient client ? Que ceux qui doutent encore se souviennent ce qu'il est advenu des entreprises qui, une fois entrées sur un marché de concurrence, n'avaient toujours pas mis le client au cœur de leur organisation. Les clients sont allés voir ailleurs, à commencer par les meilleurs. C'est exactement ce qui se produira pour les entreprises qui persisteront à considérer leurs employés comme des individus auxquels on « offre » un travail, un salaire, le cas échéant une formation, sans se soucier outre mesure de leurs attentes, de leurs ambitions personnelles, de ce qui les motive en général dans la vie. C'est en cela que le marketing des ressources humaines, loin d'être une approche cosmétique et superficielle de la relation sociale au sein des entreprises, a bien l'ambition de **replacer leurs collaborateurs au sein de leur dispositif**, en leur apportant une considération non pas feinte mais réelle, en prenant en compte leurs attentes dans une perspective de progrès partagé, en mettant en œuvre cette fameuse relation gagnant/gagnant, et non plus seulement donnant/donnant, trop longtemps restée lettre morte par manque d'imagination et de volonté réciproques.

Définition du marketing RH

Cette nouvelle approche de la relation salarié/entreprise consiste à considérer les collaborateurs, présents ou potentiels, comme des clients, au sens le plus noble. Il s'agit d'appliquer la logique et les techniques du marketing et de la communication pour :

– Attirer des candidats, les recruter et bien les intégrer.

– Fidéliser des collaborateurs impliqués.

Et au final, grâce notamment à des **innovations sociales, des innovations d'organisation**, développer une relation durable et de plus en plus individualisée avec les collaborateurs, faire de l'entreprise un employeur attractif et de son nom une véritable marque, associée à de vraies valeurs, ce que les Américains appellent *employer branding*.

Anticiper les ruptures pour rester dans la compétition

Pour celles et ceux qui douteraient encore de l'urgence ou de l'intérêt même d'une telle démarche, rappelons plus en détail les éléments du cocktail explosif décrit plus haut.

➤ L'enjeu démographique

Depuis 2006, les départs massifs à la retraite des classes d'âge nées après guerre vont, dans une mesure plus ou moins grande, créer un vide qui ne pourra être mécaniquement comblé par l'embauche de chômeurs – même si l'on peut imaginer que le niveau du chômage connaîtra alors une décrue sensible –, ni par les gains de productivité dans les différents secteurs d'activités, ni même, sans doute, par le recours à l'immigration.

➤ Quelques chiffres

D'ici à 2010, la moitié de l'effectif cadre serait à renouveler et selon certaines estimations, on risque alors de se retrouver face à une pénurie de 440 000 cadres, tous les secteurs étant inégalement touchés, à l'exception notable du commerce et de la construction. En dix ans, 45 % des fonctionnaires d'État partiront en retraite, 50 % des enseignants, 50 % du personnel de La Poste, 80 % des cadres de la SNCF… Une perte nette de 30 000 à 50 000 actifs chaque année pendant 20 ans.

Dès lors, il serait illusoire de résoudre ce déficit en révisant seulement à la baisse les requis professionnels. Baisser le niveau d'exigence pour une entreprise au niveau de l'embauche, c'est alourdir ses **processus d'apprentissage** et prendre le risque de peiner à maintenir un niveau de qualité permanent. Quant aux **gains de productivité**, même s'ils existent, ils ont déjà été très importants pour assurer la compétitivité face à la concurrence.

Le **choc démographique** risque de s'étendre à de nombreux secteurs et pas seulement en France. Le problème de la main-d'œuvre nécessaire aux entreprises européennes pour la décennie 2010-2020 est mis en avant par diverses études, en particulier celle publiée par l'Onu en mai 2000. Or, il ne s'agira pas seulement de besoins en main-d'œuvre d'exécution. La main-d'œuvre de diplômés manquera, elle aussi. Il y aura donc nécessité de faire appel à une main-d'œuvre d'autres continents. Mais ce recours à l'immigration ne trouvera-t-il pas rapidement ses limites dans la mesure où les besoins d'une part ne seront plus ponctuels mais durables et que, d'autre part, ils se feront sentir sur des métiers à relativement forte valeur ajoutée ?

Cerveaux off-shore

> L'exemple des informaticiens indiens est révélateur. Tandis que l'Inde fait pression au niveau de l'OMC pour que l'exportation de ses talents informatiques soit facilitée, dans la mesure où c'est

pour elle un élément favorable à sa balance des paiements, on s'aperçoit que les informaticiens en question ne se fixent pas dans les pays importateurs et qu'ils rentrent au pays une fois accumulé le capital d'expérience et bien sûr financier dont ils avaient besoin. Qui plus est, dans le domaine très immatériel de l'informatique et des réseaux, la production *off-shore* devrait continuer de se développer plutôt que l'importation de spécialistes.

Un autre exemple, plus proche de nous, est celui des infirmières espagnoles : en raison du déficit d'infirmières en France, des établissements hospitaliers recourent à du personnel européen, attiré par des conditions de travail, pour l'instant, plus avantageuses en France.

Sans parler dans cet exemple des **difficultés d'intégration** des travailleurs immigrés, quand demain l'Espagne adoptera les mêmes standards, quelles raisons auront ces infirmières de ne pas retourner dans leur pays ? Que dire des problèmes ponctuels que rencontre déjà le monde agricole, notamment pour trouver des bras au moment des récoltes, ou le secteur du bâtiment qui se plaint du manque de formation dans la filière ?

Un marché européen de plus en plus concurrentiel

L'ouverture du marché européen et l'homogénéisation des diplômes au niveau international va amplifier la concurrence entre les entreprises sur le marché de l'emploi. Déjà nombre d'entreprises irlandaises ont su attirer des talents en leur offrant des conditions de rémunération et de vie plus motivantes que leurs homologues en France, les Britanniques jouent sur les niveaux de rémunération. Avec l'arrivée de nouveaux pays dans l'Union, cette concurrence va s'accroître.

➤ La fin des repères traditionnels

Conséquence de l'évolution démographique en France rapportée aux transformations économiques et sociales dans le monde du travail, les **catégories d'actifs** au sein d'une même organisation sont de moins en moins homogènes. Ainsi les notions de « classes », qui ont longtemps servi de repère en matière d'économie sociale, tendent à évoluer. L'adaptation dans l'entreprise de ce schéma très français, sous forme de différentes catégories de personnel, ouvrier, technicien, employé, assimilé cadre, cadre, cadre supérieur semble avoir atteint ses limites, notamment dans le secteur aujourd'hui dominant des services où les organisations se recentrent autour de leurs clients, le rôle de la hiérarchie changeant complètement de nature, l'entreprise ayant besoin de s'adapter en permanence aux évolutions de son marché.

➤ L'opportunité du papy boom

Le problème de l'allongement du temps de travail pour équilibrer le financement des retraites en cache un autre, bien réel lui aussi, sur le **management des seniors** au sein des entreprises. Le journal *Le Monde*, dans un article de Rémi Barroux[1], titre : « Le Système des retraites menacé par le chômage des seniors » Tout naturellement, ceux-ci font l'objet d'une attention renouvelée, une fois partis leurs aînés et tandis que les nouveaux venus se font plus rares et doivent être formés pour atteindre le niveau de performance des anciens. Alors que dans les années 1990, des entreprises considéraient qu'il était plus rentable d'embaucher de « jeunes talents » que de continuer à investir dans la formation de seniors, poussés vers la porte de sortie, la donne est

1. *Le Monde* du 12 janvier 2007.

en train de complètement changer. La question se pose non seulement de savoir comment **remotiver les quinquas** pour les inscrire dans une nouvelle dynamique mais aussi de les faire coexister harmonieusement avec les autres classes d'âge à l'intérieur de l'organisation. En outre, la façon dont l'entreprise trouvera des solutions intelligentes, professionnelles pour « relancer » la carrière de ces papy boomers aura une influence sur la perception des générations suivantes quant à leur évolution propre.

Potentialités inexploitées

Une **étude de Sociovision Cofremca**[1] publiée en 2003 révèle qu'en France les plus de 55 ans ont le taux d'emploi global le moins élevé d'Europe[2], mais que la relation au travail des plus de 50 ans est peu différente de celle des juniors (souci d'équilibrer travail et vie personnelle, motivation matérielle). Cette étude révèle des potentialités souvent méconnues par les entreprises, avec une **motivation intacte** pour une grande majorité des papy boomers et l'acceptation du changement par la moitié d'entre eux. Comme le souligne l'étude, la création de valeur pour les entreprises se fera désormais en associant toutes les tranches d'âge et face à cette **population finalement peu différenciée** des autres, elles doivent modifier leur regard et changer elles-mêmes. Cet exemple illustre un des changements fondamentaux en train de se produire en raison de la nouvelle donne démographique.

1. « Les papy-boomers et la réforme des retraites : gérer de façon inventive les fins de carrières et/ou ré-enchanter le quotidien ? »
2. 37,2 % contre 65,1% en Suède, la moyenne dans l'Union européenne s'établissant à 38,5%.

Pour gérer efficacement ce type de situations, les directeurs des ressources humaines doivent déjà, de fait, utiliser l'approche et la démarche du marketing, ne serait-ce qu'en opérant des segmentations en fonction d'un certain nombre de critères sur lesquels nous reviendrons.

Le magazine *Challenges*[1], dans son dossier Recrutement, annonce 300 000 emplois à saisir. L'article de Anne-Sophie Bellaiche précise : « Record battu : 300 000 recrutements prévus, c'est 50 000 postes de plus qu'en 2006. Ces chiffres confirment l'optimisme des 130 entreprises françaises qui ont répondu à notre enquête annuelle exclusive sur les prévisions de recrutement pour 2007 ».

➤ L'entreprise melting pot

L'entreprise va devoir **fédérer des individus d'âge, de sexe et d'origine culturelle de plus en plus divers**, sans plus pouvoir leur imposer les schémas devenus inadaptés de la hiérarchie, du statut, de la progression linéaire de carrière. Pour y parvenir, il lui faudra définir de vrais projets et non plus se contenter de proposer une fonction assortie d'un salaire et de quelques avantages connexes. Ce défi est riche d'opportunités pour les organisations qui sauront le relever mais nécessite un changement dans la façon d'aborder la gestion des ressources humaines. On a noté ici et là les effets contre-productifs de la mise à la retraite d'office de classes entières de quinquagénaires et pourtant cette pratique continue d'exister, alors que le renversement de tendance est proche. Déjà certaines entreprises qui ont licencié leurs cadres en période difficile se retrouvent fort dépourvues pour faire progresser les nombreux et jeunes collaborateurs qu'elles devront embaucher ou qu'elles embauchent face à la reprise de leur activité. Dès lors, n'est-il pas nécessaire

1. Janvier 2007.

de développer de nouvelles pratiques, encore relativement marginales comme le **tutorat** et d'accroître **l'apprentissage**.

Cette forme de tutorat qui consiste, de la part d'un « aîné », à transmettre à un « novice » ses savoirs et savoir-faire, présente un double avantage : d'une part donner une **base didactique à la coexistence** entre plusieurs générations au sein de l'organisation, donc d'en valoriser l'intérêt et, d'autre part, de « ***requinquer les quinquas*** », pour reprendre une expression chère au professeur Jean-Marie Peretti. En effet, non seulement ceux-ci voient leurs compétences reconnues – alors que certains d'entre eux commençaient peut-être à douter – mais ils en développent d'autres, pédagogiques notamment et bénéficient en outre de l'œil neuf, sinon du regard critique, du jeune impétrant pour progresser à leur tour plutôt que de s'installer dans des certitudes. C'est bien au final l'entreprise qui bénéficie de cet échange croisé, en capitalisant sur les cultures générationnelles et non en les opposant.

Paradoxe apparent, la réserve de personnel d'avenir, va devenir celle des « 50/60 ans », génération dont la retraite semble plus lointaine et moins intéressante financièrement.

➤ Recréer de la valeur

En tout état de cause l'entreprise devra prendre en compte les aspirations de chacun pour fédérer ses collaborateurs autour d'un **système de valeurs** dans lequel tous pourront se reconnaître. Cela poussera celles qui ne l'ont pas déjà fait à se poser la question de leurs propres valeurs sans se voir imposer toutes celles qui fleurissent ici et là et semblent relever de la pensée unique. On voit d'emblée que cette question, hier encore considérée comme relativement secondaire, ou traitée de façon très superficielle par une communication de circonstance, est aujourd'hui devenue centrale pour toutes les entreprises, quels que soient leur taille ou leur secteur d'activité. Pour parvenir à donner une substance et une réalité à ce projet, il conviendra, dès la phase de recrutement, de beaucoup **mieux prendre en compte les aspirations véritables** et les compétences non seulement professionnelles mais aussi personnelles des candidats, en cherchant d'emblée à identifier la façon dont elles correspondent aux objectifs contenus dans la mission mais aussi, et par-delà, aux objectifs à plus long terme de l'entreprise.

Si aujourd'hui certaines entreprises tiennent déjà ce discours aux candidats pour les conquérir, et à certains de leurs collaborateurs pour les motiver et les garder, peu se sont encore donné les moyens de mener à bien ce chantier d'ingénierie des ressources humaines, faute d'utiliser les bons outils. Ceux du marketing des ressources humaines, ni plus ni moins.

Management intergénérationnel

La diversité des générations, qui de plus en plus n'ont pas les mêmes références, les mêmes motivations, les mêmes ambitions ni les mêmes rythmes, constitue un défi nouveau pour l'entreprise. Il est indispensable de mieux connaître les grandes spécificités de chaque segment ou tranche d'âge des personnes qui travaillent dans l'entreprise. Par exemple, arriver avec 10 minutes de retard à un rendez-vous ou à son poste, est considéré comme « être à l'heure » par certains jeunes d'une tranche d'âge. Le responsable hiérarchique, lui, ne sera pas « forcément » du même avis.

À partir de l'étude du sociologue Jean-Luc Excousseau et des enquêtes menées auprès des managers, la DRH des hôtels Accor a mis en œuvre un programme de sensibilisation au management intergénérationnel. Objectif : faire vivre et bien travailler ensemble plusieurs générations et tirer le meilleur parti de la diversité des comportements et des différences de chacun. Un abécédaire des bonnes pratiques a même été distribué à chaque manager.

➤ Le travail, une valeur parmi d'autres

Ce marketing ne reposera plus sur l'analyse de la valeur mais sur celle des valeurs. Jusque vers la fin du XXe siècle, la valeur la mieux partagée dans la société était celle du travail, principal repère pour les générations. Il était donc naturel que les entreprises soient en quelque sorte dépositaires de cette valeur, d'autant que sphère professionnelle et sphère privée étaient généralement étanches, dans le temps et dans l'espace. De ce fait, elles pouvaient organiser leur développement en « proposant du travail » selon un système d'offre relativement normé : conditions de travail, salaire, primes, congés…

Aujourd'hui, la valeur travail a perdu sa place centrale, notamment pour les jeunes générations qui ne souhaitent plus « se sacrifier », « ne veulent pas perdre leur vie à la gagner » comme elles l'ont trop souvent vu faire par leurs parents, sans avoir la garantie de ne pas se retrouver dans la même situation de précarité, parvenues à un certain âge. La précarité qui était l'exception est trop souvent devenue la règle pour la plupart des activités professionnelles et l'entreprise, dont la raison d'être n'est certes pas de garantir des emplois mais d'en procurer, devra sans doute aller plus loin dans l'***empowerment*** de ses collaborateurs – leur capacité d'autonomie – pour leur donner les moyens de leur **employabilité** – en leur permettant d'acquérir les compétences nécessaires aux nouvelles demandes du marché.

C'est une responsabilité collective des entreprises que de développer ces capacités chez tous les individus, ne serait-ce que par souci de cohérence par rapport à la notion de flexibilité aujourd'hui plus nécessaire que jamais. Il y a aussi l'idée générale que travail ne peut plus être synonyme d'épanouissement quand tant d'autres champs sont présentés comme plus faciles à investiguer comme source de réalisation personnelle. Dans ce domaine, le « staracadémisme » n'est pas la moindre des maladies qui menace les jeunes générations nourries de « télé réalité », où devenir une star est présenté comme une finalité, qui plus est théoriquement à la portée de tous. Le plus souvent, cette représentation est évidemment illusoire mais elle participe à la démobilisation générale que l'on observe actuellement.

➤ Filières en péril

Dans ce contexte de démobilisation, certains métiers plus que d'autres ont perdu de leur attractivité parce qu'ils sont réputés pénibles, dangereux ou mal rémunérés. Le plus souvent ces métiers souffrent d'une **mauvaise image** et pourtant, ils ont connu une profonde mutation qui n'a pas toujours été bien expliquée au public. Paradoxalement, beaucoup de ces métiers offrent davantage de potentialités à celles et ceux qui les embrasseront que d'autres, présentés comme plus sûrs ou plus faciles. Il revient aux entreprises et aux fédérations d'employeurs de renforcer leur **action de marketing des ressources humaines** sur l'ensemble de ces métiers, comme certaines ont déjà commencé à le faire. En France, le secteur des cafés, hôtels, restaurants et discothèques (CHRD) représente 180 000 établissements. Ce secteur dynamique est à la recherche de plus de 60 000 collaborateurs qui correspondent à des offres d'emploi non pourvues. En 2005, 2006 et 2007 une campagne de communication baptisée « Des métiers, un avenir » a été organisée à travers toute la France. Deux bus, vitrines du secteur, ont sillonné les régions pour montrer aux étudiants, aux parents d'élèves, aux demandeurs d'emploi, les perspectives de carrière dans ce secteur. En 2007, lors de ce tour de France, le CHRD a également proposé aux collèges de participer à un concours qui pouvait parfaitement s'intégrer dans le cadre des options « découverte professionnelle en classe de troisième ». Ce grand programme de marketing RH offre donc un double intérêt : amélioration de l'attractivité du secteur et valorisation des métiers ainsi qu'une action positive sur l'orientation professionnelle des élèves de collèges.

Sans ce type d'actions de marketing RH, ce sont des filières entières qui, aujourd'hui déjà touchées, risquent demain d'être complètement sinistrées, avec des conséquences très graves sur les équilibres économiques et sociaux, tant au plan local que régional, national et européen.

Métiers « vus à la télé »

Une enquête réalisée en 2002 auprès de plus de 3 000 lycéens et de 250 entreprises par l'association Jeunesse et Entreprise avec le concours de l'Éducation nationale[1] confirme un engouement pour le secteur public et une préférence affichée pour les métiers du sport et du spectacle. Sur vingt-neuf domaines d'activités possibles, seuls trois bénéficient chez les lycéens d'une image positive : communication et publicité, tourisme et sport, commerce, marketing et vente.

Si l'informatique intéresse les lycéens, ils manifestent un désintérêt marqué pour l'ensemble des domaines industriels, à l'exception du travail en bureau d'études. Globalement, sous réserve d'une analyse plus approfondie, on se rend compte à la lecture de cette enquête que ce sont les métiers « vus à la télé » qui suscitent le plus de vocations, tandis que les autres sont pour la plupart soit ignorés, soit rejetés sans doute en grande partie parce qu'ils sont méconnus.

Intérêt des lycéens pour les domaines d'activité

Communication, pub, marketing	63 %
Tourisme sport	62 %
Commerce, marketing, vente	59 %
Informatique	49 %
Multimédia	44 %

☞

1. « Lycéens et entreprises face à l'évolution des métiers » in *Les Nouvelles de Jeunesse et Entreprises*, janvier 2003.

Intérêt des lycéens pour les domaines d'activité ***(suite)***

Enseignement, formation	41 %
Sécurité, défense	39 %
Culture, création artistique	38 %
Santé	37 %
Gestion administrative, comptabilité, droit	37 %
Aéronautique et spatial	33 %
Assurance, banque	33 %
Automobile	29 %
Environnement	27 %
Électricité, électronique, télécom	26 %
Hôtellerie, restauration	26 %
Services aux particuliers	23 %
Commerce de détail	20 %
Transport, logistique	18 %
Mécanique	16 %
Bâtiment, travaux publics	13 %
Agriculture, bois, marine, pêche	11 %
Plasturgie	6 %
Textile, papier, carton	6 %
Propreté	4 %
Sidérurgie	4 %
Verre	3 %

D'après étude citée *supra* p. 19.

Ces chiffres auraient-ils été les mêmes si les intitulés des filières présentées avaient été différents, si chacune de ces filières avait fait un travail de **valorisation** de ses métiers auprès des publics concernés ? La question mérite d'être posée.

Plus que jamais, les acteurs économiques et sociaux vont devoir essayer de mieux faire coïncider l'offre et la demande, dont paradoxalement le décalage s'accentue en raison de la **vision réductrice** que les jeunes ont du monde des entreprises, alors que par ailleurs l'utilisation bien pensée de méthodes marketing peut justement corriger cette vision, auprès d'une population particulièrement sensible à tout ce qui touche à l'**image** et à la **communication**.

Créer la fonction marketing RH : quelle organisation ?

Au sein de la DRH, la direction du marketing RH se voit confier une mission spécifique pour faire face aux enjeux de la nouvelle relation salariés/entreprise. Elle intervient auprès de l'ensemble des unités de l'entreprise, – au plan national et international pour les grandes entreprises – pour, une fois défini l'ensemble du plan marketing RH et de la stratégie employeur, les aider à construire les outils nécessaires à leur mise en place, apporter un soutien logistique et d'expertise permanent pour sa mise en œuvre auprès des publics internes et externes, veiller à la cohérence des actions à travers, notamment leur coordination.

Cette direction participe également à l'élaboration des différents indicateurs quantitatifs et qualitatifs nécessaires à la mesure de l'efficacité de la politique de ressources humaines de l'entreprise – en recueillant par exemple l'ensemble des données déjà disponibles –, de façon à orienter les nouvelles actions.

Elle est en charge du développement et du suivi des relations avec les partenaires externes de l'entreprise susceptibles d'intervenir dans le processus de formation, de recrutement, de fidélisation et d'évolution des collaborateurs, actuels ou futurs. Son objectif, là encore, est d'assurer la cohérence des messages et des actions, d'avoir la vision la plus précise et globale possible des relations entretenues avec chacun.

☞

Créer la fonction marketing RH : quelle organisation ? *(suite)*

La personne ou l'équipe en charge du marketing RH travaille en étroite liaison avec la direction de la communication – lorsqu'elle existe – pour respecter le positionnement de la marque et de l'image de l'entreprise dans la déclinaison des actions RH, articuler actions de communication générale et celles, plus spécifiques, de communication RH – internes et externes – dans un plan d'ensemble.

La création et l'organisation de cette mission s'opèrent de différentes façons selon la taille de l'entreprise. Elle peut être érigée en véritable département au sein de la direction des ressources humaines ou alors être intégrée par chaque manager en charge du recrutement ou du management. Dans une entreprise plus modeste, voire une PME, cette mission est directement du ressort de l'équipe dirigeante.

Le marketing RH, pour transformer les risques en opportunités

Récapitulons

- Les entreprises, privées et publiques, vont devoir faire face d'ici à 2010 à une **pénurie croissante** de personnel qualifié.
- Tandis que les anciennes **générations** doivent être remotivées face au travail et à l'entreprise, les nouvelles les considèrent moins que jamais comme une finalité.
- Les valeurs individualistes (plaisir, loisirs, temps libre…) dominent dans une **société en panne de repères**.
- Nombre de métiers traditionnels ont une **mauvaise image** et sont délaissés par les jeunes générations, alors que leur existence, qui structure fortement le tissu économique et social, est indispensable.

Cette convergence de facteurs met la société et les entreprises face à un **défi inédit.** La mise en œuvre du marketing des ressources humaines est une réponse à ce défi dans la mesure où elle place les RH dans une **perspective stratégique à long terme**, elle oblige à repenser l'image d'entreprises employeurs en fonction des valeurs à partager avec des collaborateurs considérés comme leurs premiers clients. En revisitant le monde de l'entreprise à partir de ce point de vue de « l'employé-client », le marketing RH est toujours porteur d'innovation sociale, apportant une réponse différente aux questions que chacun se pose et dans un contexte où l'entreprise devra trouver les moyens de **se différencier** des autres pour être plus attractive.

Qui plus est, le développement de ce système de relation durable et mutuellement profitable avec chacun de ses salariés va permettre aux entreprises de disposer d'un avantage concurrentiel déterminant dans un environnement toujours plus ouvert. Aussi la direction des ressources humaines devient-elle visiblement un acteur majeur de la meilleure performance de l'entreprise dans la durée et va, à travers la mise en œuvre du marketing des ressources humaines, se doter d'indicateurs de performance permettant de mesurer objectivement sa contribution à l'atteinte des objectifs stratégiques de sa direction générale. De fait, le marketing des ressources humaines participe à la valorisation – dans tous les sens du terme – de la mission des équipes RH qui, de la fonction de gestionnaires de flux passent au rôle d'animateurs de relations individualisées, qui d'un fonctionnement en centre de coût vont s'inscrire progressivement dans une logique de centre de création de valeur.

Comment mettre en pratique cette approche déterminante, alors que la conjonction de phénomènes que nous avons rapidement décrits nous pousse à l'action, sauf à prendre le risque de réagir… trop tard ?

C'est d'abord la définition d'une stratégie d'employeur, à partir de **l'analyse approfondie** de l'ensemble des éléments caractéristiques de l'entreprise et de son environnement. Cet état des lieux doit aboutir au **positionnement marketing RH**

Point de vue de dirigeants

Selon une étude de l'agence TBWA/Corporate et Stanton Wallace publiée en avril 2003, réalisée auprès des dirigeants des cent premières entreprises en France [1], 75 % de ces dirigeants affirment que les ressources humaines doivent véritablement s'organiser en *support business*, pour occuper une place plus prépondérante au sein des décisions stratégiques de la gouvernance d'entreprise. Dans cette logique, 25 % de ces mêmes dirigeants parlent de la nécessité d'un recentrage sur la valeur ajoutée de la fonction RH. La gestion des ressources humaines est déjà assimilée par quelques-uns à une gestion du rendement individuel en vue d'améliorer les résultats collectifs.

de l'entreprise. Vient ensuite la mise en œuvre du **plan d'action** à plusieurs termes, en tenant compte de la spécificité des publics visés et des priorités dans le temps. C'est alors et enfin la **déclinaison cohérente** de ce plan en fonction des phases successives de conquête et de fidélisation avec une transposition des techniques du marketing et la capacité de revisiter ce que l'entreprise fait ou veut faire avec un œil d'employeur attractif et d'un employé client.

On l'a compris, il s'agit là d'un **nouvel enjeu** pour les responsables ressources humaines qui vont ainsi prendre une valeur contributive en participant effectivement à la création de valeur de l'entreprise, et donc changer d'image dans leurs organisations.

Enfin, à plus long terme, c'est un enjeu en termes de **notation sociale** des entreprises puisque la qualité de leur image-employeur, évaluée selon un certain nombre de critères par les agences spécialisées, participera à leur bilan.

1. « 2003-2006 : les enjeux ressources humaines vus par les dirigeants des 100 premières entreprises en France. »

Chapitre 1

Définir une stratégie d'*employer appeal*

L'attractivité de l'entreprise – ou sous une dénomination plus plaisante son *employer appeal* – devient le nerf de la guerre, tant en direction de ses publics internes qu'externes. L'*employer appeal*, serait-on tenté d'affirmer, cela se mérite, cela demande à l'entreprise un travail d'analyse sur elle-même, pratiquement d'introspection, une démarche qui, d'emblée, avant même de se traduire par des actions concrètes, va répondre à la devise socratique « Connais-toi, toi-même » comme prélude à la conquête de son marché d'employeur. C'est en effet une véritable stratégie qu'il convient de construire, qui va se fonder sur l'ensemble des éléments objectifs constituant la spécificité de l'entreprise, son identité, mais aussi dans une certaine mesure sur sa dimension subjective, l'idéal vers lequel elle veut tendre. Le mix de ces différentes composantes va permettre de définir les **lignes de force d'attractivité** autour desquelles l'entreprise déclinera sa stratégie d'*employer appeal*, en ne comptant plus seulement sur une notoriété, fut-elle forte.

Être attractif

Créer son « image-employeur »...

Dans nos sociétés hyper-communicantes et sur-médiatisées, la **notoriété** demeure quelque chose de très relatif et de fragile. Les marques connues du grand public sont finalement relativement peu nombreuses. Même la publicité télévisée n'est plus un gage de notoriété, tant les téléspectateurs sont saturés de sollicitations. De plus, cette notoriété peut provenir d'événements positifs tout aussi bien que négatifs. Ce qui est avéré pour une marque grand public, une chaîne de restauration ou un fabricant mondial de chaussures de sport est aussi valable pour l'entreprise locale ou celle spécialisée dans un secteur spécifique dont la réputation se construira au sein d'un microcosme qui est également le vivier dans lequel elle viendra puiser de nouvelles ressources. C'est bien dans ce cercle qu'il lui faut d'abord entretenir sa notoriété et surtout lui donner une facette d'employeur attractif.

Pourquoi se soucier de son image-employeur dans le cadre d'une stratégie d'*employer appeal* ? C'est en réalité un élément de différenciation important, quand chacun cherche des repères et, à terme, également une **reconnaissance sociale** grâce à son activité professionnelle. Cette mesure de notoriété et d'image-employeur permettra de fournir les éléments à mettre en avant. Cela déterminera aussi le niveau des moyens à mettre en œuvre. Il est *a priori* plus valorisant de « décrocher un job » dans une boîte connue et reconnue que d'être embauché dans une société dont on vous fait répéter le nom à chaque fois que vous en parlez. C'est le gage d'une **plus grande efficacité** dans les campagnes de recrutement et ensuite, nous le verrons, un élément important dans la **fidélisation** des collaborateurs.

… Et la mesurer

Pour mesurer cette notoriété, il suffit de réaliser une étude, en respectant les règles d'échantillonnage et de représentativité classiques de ce type d'enquête. Il faut aussi et surtout réaliser une **étude d'image-employeur**, dresser ce que l'on pourrait appeler un **constat d'attractivité**. Cette image-employeur est aussi fragile, sinon davantage, que la notoriété, d'autant qu'elle fluctue en fonction de critères particulièrement qualitatifs et parfois très conjoncturels.

> *« Il y a beaucoup de turnover dans cette entreprise. »*
>
> *« Ils ont un super CE qui propose des voyages à des prix canons. »*
>
> *« On te laisse beaucoup d'autonomie, mais tu peux compter sur ton manager. »*
>
> *« Le cadre de travail est rigoureux, mais à six heures il n'y a plus personne dans les bureaux. »*
>
> *« Ils t'exploitent jusqu'à la moelle et te jettent. »*
>
> *« Tu n'es pas très bien payé mais tu apprends un maximum de choses… »*

Qui n'a jamais entendu ce type de réflexions ? Vraies ou fausses, elles influencent le choix des candidats potentiels, sans être nécessairement déterminantes. Mais elles le seront de plus en plus au fur et à mesure que les candidats auront le choix. Car la seule notoriété ne suffit pas pour attirer de nouveaux collaborateurs, chaque entreprise doit désormais créer sa propre image-employeur qui, en tout état de cause, se construit et s'entretient sur **le long terme**.

Attention cette image employeur est, certes, fondée sur ce que l'entreprise offre aux candidats et aux salariés mais elle résulte également d'éléments indirects qui peuvent apparaître en contradiction avec cette offre : ce sont par exemple la prise de parole de responsables ou encore des publicités commerciales en décalage avec les messages et la politique de ressources humaines de l'entreprise.

L'image-employeur, pour quoi faire ?

Dès lors la question est bien de connaître son « image-employeur » pour en faire un élément de différenciation ou au contraire de la corriger si elle ne correspond pas à la réalité de l'entreprise. Il est important de bien identifier ses forces et ses points faibles, ne serait-ce que pour les exprimer, voire les expliquer, à celles et ceux que l'on sera amené à recruter, pour les impliquer pleinement dans le développement de ces forces et dans la résolution de ces faiblesses relatives. Si, au contraire, l'entreprise n'a pas ou ne veut pas avoir conscience de ces différents éléments, elle se condamne à se scléroser en développant chez chacun de ses collaborateurs un sentiment de frustration et d'impuissance, au lieu de libérer leur énergie dans une dynamique de challenge. Car le **potentiel de séduction**, paradoxalement peut aussi bien provenir des imperfections révélées par l'étude d'image, que des qualités reconnues à cette occasion. L'essentiel est en quelque sorte d'en avoir conscience, de le reconnaître. Il est d'ailleurs intéressant à ce propos de croiser les données recueillies en interne avec celles obtenues auprès de publics externes, d'autant qu'il existe une porosité, voire une interaction de plus en plus importante entre les deux. Il faut garder à l'esprit qu'un collaborateur potentiel peut, à un certain moment, être ou avoir été client ou actionnaire de l'entreprise, qu'un client ou qu'un partenaire de l'entreprise sont souvent les premiers vecteurs d'image de celle-ci :

> *« Leurs collaborateurs sont toujours souriants. »*
>
> *« On sent qu'il y a une bonne ambiance. »*

« Les bureaux sont hyper clean. »

« Ils paient les fournisseurs avec un lance-pierres. »

« Ils ne sont jamais à l'heure. »

« Ils répondent au téléphone quand ils ont le temps. »

En réalisant l'étude d'image et d'attractivité, on va prendre conscience d'un ensemble d'éléments, jugés d'habitude sans importance parce que considérés séparément. Mis bout à bout, ils vont permettre d'expliquer un certain nombre d'insatisfactions constatées. On voit déjà là un premier exemple de ce que la mise en œuvre d'une **stratégie d'*employer appeal*** apporte comme prise de conscience de la perception de l'entreprise.

Le constat d'attractivité de l'entreprise

Objectif : mesurer sa capacité à attirer de nouveaux collaborateurs ou fidéliser des collaborateurs dans l'entreprise en fonction de la perception que différents publics ont de son image-employeur. Les publics à interroger sont très divers :

– les écoles et universités, en tant que relais et prescripteur ;

– les collaborateurs des entreprises elles-mêmes, en opérant une segmentation entre les nouveaux arrivants et les « anciens » ;

– l'environnement professionnel des entreprises (clients, fournisseurs, institutionnels partenaires, leaders d'opinion...) ;

– le grand public, segmenté (par âge, région, CSP...).

Cette enquête sera réalisée grâce à un questionnaire portant sur tous les aspects de la gestion des ressources humaines notamment, complété par des entretiens qualitatifs en face à face.

☞

Le constat d'attractivité *(suite)*

Elle donnera lieu à l'établissement d'un **baromètre d'attractivité** qui permettra à l'entreprise de se positionner : où se situe-t-elle et où veut-elle se **positionner ?** Il sera alors possible de mesurer l'évolution en fonction des événements intervenus entre deux études. Ainsi, l'efficacité des actions marketing RH engagées pourra être mesurée, auprès des publics cibles notamment, sachant que d'autres indicateurs entreront en ligne de compte (par exemple, le nombre de candidatures spontanées, d'embauches effectives sur la branche, de turnover, etc.).

Les résultats permettront d'orienter ou de réorienter les actions de marketing RH à engager, dans le cadre d'un plan global.

Parler de ses métiers

➤ Un métier peut en cacher un autre

Une deuxième condition importante à la mise en œuvre de cette stratégie est **l'identification des métiers** exercés au sein de l'entreprise. Mais c'est aussi, d'abord, la définition du métier de l'entreprise. Cette question n'est pas toujours aussi évidente qu'elle y paraît. Or, comment envisager d'attirer des « profils adaptés », si on n'est pas capable de définir le cadre dans lequel ces profils vont s'intégrer et évoluer ? Le métier d'une entreprise peut s'énoncer simplement : « nous fabriquons des voitures » et recouvrir une réalité d'activités très diverses, parmi lesquelles la fabrication proprement dite aura une place relativement marginale par rapport à un ensemble d'autres métiers dits « à forte valeur ajoutée » : bureau d'études, design industriel, service marketing, droit des marques et de la propriété, achats de production et hors production, service commercial, activité de lobbying, direction financière, informatique, communication, relations avec les investisseurs… Ainsi Renault s'est présenté aujourd'hui comme « créateur d'automobiles », ce qui n'est peut-être pas qu'un slogan publicitaire mais correspond sans doute à la réalité de son métier. Ce qui est vrai pour Renault l'est également pour les autres entreprises, quel que soit leur secteur d'activité, quelle que soit leur taille. Partout, sous l'influence conjointe des nouvelles technologies et de l'importance prise par la **relation client**, les métiers changent. On l'a bien vu dans certaines entreprises publiques, jouissant d'un monopole, qui, soumises à la concurrence et parfois privatisées, ont su transformer dans de nombreux cas leurs fonctionnaires face à des usagers en des agents cherchant à mieux servir des clients.

➤ Revaloriser les filières

Dans les années 1980, les professionnels de l'électricité ont tenté une révolution culturelle avec la domotique qui n'a pas forcément tenu toutes ses promesses mais a contribué à revaloriser les métiers de ce secteur. Dans le bâtiment, l'adoption par les grands maîtres d'ouvrage, de normes de sécurité et d'hygiène plus strictes et de process qualité rigoureux a contribué à tirer les métiers du secteur vers le haut, même si les conditions de travail y restent plus difficiles qu'ailleurs, avec des définitions de tâches assez basiques. Mais aujourd'hui un ouvrier du bâtiment jouit sans doute d'une plus grande capacité d'initiative, parce qu'il est davantage formé. Son métier a changé. Ce point mérite d'être souligné car les images d'Épinal persistent. La Fédération du Bâtiment l'a bien compris et réalise des campagnes de publicité pour une image plus actuelle.

Image sociale et recrutement

Contrairement à une idée reçue, les chômeurs ne constituent pas forcément un vivier pour les entreprises qui cherchent à recruter. Une **étude du Céreq**[1] consacrée notamment aux difficultés de recrutement dans les métiers du bâtiment, de l'hôtellerie – restauration et de divers métiers des métaux et de l'électricité, montre que l'image sociale d'un secteur – et par conséquent l'image-employeur de chacune des entreprises de ce secteur – est déterminante pour les personnes à la recherche d'un emploi.

« Ainsi disparaissent du marché du travail des cuisiniers, des serveurs, des maçons » résume l'étude.

Est notamment mise en cause la façon dont les entreprises décrivent les emplois proposés, par nom de métier ou par référence à une formation, plutôt que par des compétences de base à partir desquelles il serait possible, moyennant une formation minimale et une adaptation, de recruter des personnes moins « qualifiées ».

Prenons l'exemple d'une société de nettoyage industriel : plutôt que de rebaptiser « technicien ou technicienne de surface » la fonction « homme ou femme de ménage », ne s'agit-il pas d'identifier ce qui dans cette activité en fait un véritable métier, ce qui va valoriser celui qui l'exerce et pourquoi ?

L'Union des industries et métiers de la métallurgie surfe au féminin

En créant le site industri*elle*.com, l'UIMN a démontré sa volonté de promouvoir ses métiers, réputés plus masculins,

1. Cereq : Centre d'études et de recherches sur les qualifications ; cette étude a été réalisée entre 2000 et 2002 : « Quand l'école est finie, premiers pas dans la vie active de la génération 98 », *Publication du Céreq*, 2003.

auprès de la population féminine. Message de sa page d'accueil :

« L'industrie, les filles et les technologies de demain, c'est une relation qui a de l'avenir ! Aéronautique, automobile, électronique, mécanique et composites… autant de domaines d'activités ouverts aux filles d'aujourd'hui. Passionnées, curieuses, sensibles, vous vous reconnaissez pleinement dans ce portrait, alors, avec l'industrie et les technologies de demain, vous allez découvrir de nombreux métiers pour y exprimer vos talents. De quoi surtout vivre une belle et longue histoire professionnelle… »

Le site propose notamment des témoignages de femmes engagées avec succès dans une des filières industrielles ainsi qu'une présentation des « technologies d'aujourd'hui, métiers de demain. »

➤ Qualifier ses ressources humaines

Ce qui vaut pour la personne chargée de l'entretien vaut évidemment pour chaque employé, quels que soient sa mission, son niveau et son ancienneté. Que n'a-t-on vu, dans les restructurations d'entreprises parfois brutales de ces dernières années, supprimées sur le papier des fonctions qui, dans la réalité, correspondaient à des hommes ou des femmes jouant un rôle clé dans une organisation, justement parce que leur action dépassait largement l'intitulé de leur fonction, que leur métier était autrement plus riche et complexe que l'idée qu'on s'en faisait ?

L'identification des métiers et plus complètement encore celui des compétences dans une organisation devient indispensable, car elle doit permettre de dresser une véritable **cartographie** qui mettra en évidence les **besoins actuels et à venir**, voire des carences et de les confronter à la **pyramide des âges** de l'entreprise.

Cette cartographie permet d'avoir une vision claire des **filières** autour desquelles va s'organiser la **politique de recrutement** et de mettre en avant les **segments prioritaires** à toucher.

Les métiers qui ont le vent en poupe (les métiers préférés des lycéens)[1]

– Publicitaire.

– Photographe.

– Programmeur

– Enseignant.

– Entraîneur d'équipe.

– Joueur professionnel.

– Animateur de jeunes.

– Concepteur multimédia.

– Militaire.

– Bureau d'études (aéronautique).

Remarque : l'attractivité du métier proposé par l'entreprise et l'attractivité de l'entreprise pour elle-même feraient dire idéalement à un candidat « je veux faire ce métier-là dans cette entreprise-là ». L'exercice du métier crée bien sûr de l'attractivité mais de plus en plus c'est également l'environnement du métier.

1. D'après l'étude citée *supra* p. 19.

Employeur de référence

Fin mars 2004, *Le Figaro Entreprises* présentait les résultats d'une étude réalisée avec TBWA Corporate et TNS Sofres et menée par des étudiants de formations en ressources humaines (Sciences Po Paris, Université Paris Dauphine et Celsa Université Paris IV) auprès de 324 étudiants de 27 grandes écoles et les DRH de 55 entreprises. [1]

Il ressort de cette étude que les futurs cadres continuent à placer le diplôme avant la personnalité pour leur évaluation lors de l'entretien d'embauche, qu'ils souhaitent être « coachés » par leur manager, sont motivés avant tout par l'intérêt des missions avant la rémunération, souhaitent des carrières variées, des horaires souples et de bonnes conditions de travail. Ils favorisent la préservation de leur vie privée et réclament de la part de l'entreprise honnêteté et transparence.

Réagissant à cette étude et à la notion d'employeur de référence, la directrice générale des ressources humaines et du développement durable de Accor, Cathy Kopp [2] affirmait pour sa part que :

« Ce n'est pas sur le diplôme que se construit une carrière, mais sur le comportement en action. »

Concernant les références des 18-35 ans : « Ce sont des jeunes qui ont vécu dans un monde de communication ouverte et mondiale. Ils ont assisté en direct à tous les grands événements : guerres, catastrophes, récessions économiques, chômage de leurs parents ou de leurs connaissances... Leur système de valeurs a évolué et c'est normal. (...) Ces valeurs sont centrées sur la famille, les loisirs, les relations sociales mais aussi l'argent et seulement après le travail et les responsabilités. Il nous faut donc être capable d'offrir une ambiance et un management associés à ces valeurs. »

1. « L'entreprise rêvée des jeunes », *Le Figaro Entreprises* du 29 mars 2004.
2. *Ibid.*

Encourager la diversité

Une logique d'inclusion

Parmi les défis auxquels doit répondre une stratégie d'employeur attractif, il y a celui de faire coexister au sein d'une structure commune des hommes et des femmes de classes d'âge de plus en plus variées, des anciens et de tous nouveaux arrivants. Là encore, il va falloir opérer une segmentation dans la pyramide des âges composant l'entreprise entre, par exemple, les juniors, les expérimentés et les papy boomers. À l'intérieur de ces segments, en fonction de **l'analyse des performances** de chacun, il conviendra de prévoir les scénarii d'évolution possibles, en trouvant les **leviers de motivation adaptés** à chaque situation, en favorisant les **échanges d'expériences** et le **transfert des compétences** et de savoirs dans un cadre d'inclusion et non plus d'exclusion.

Cette problématique de la coexistence intergénérationnelle est sans doute aussi importante que celle de la raréfaction du personnel qualifié.

Pour éviter le choc des cultures entre papy boomers et juniors, les consultants de Sociovision Cofremca préconisent par exemple l'analyse des points de rapprochement et la valorisation des points de consensus. Une chose est sûre : les anciens modèles hiérarchiques avec le privilège de l'âge ont vécu. La gestion des compétences devient un élément central de la stratégie d'*employer appeal.* C'est autour de ce « **management des intelligences** » intergénérationnelles que vont s'organiser les entreprises, en favorisant le partage d'expérience et le **coaching** dans le cadre de projets de création de valeur mobilisant des équipes à géométrie et à composante d'âges variables.

C'est pourquoi, de même que les entreprises ont différencié leur offre de produits et de services en fonction des cibles auxquelles elles s'adressent, il va de même leur falloir attirer et fidéliser leurs salariés en tenant compte de leurs **préférences**, de leurs **pratiques** ! Il s'agit donc aujourd'hui d'inventer de nouvelles grilles de lecture pour mesurer les potentiels aussi bien d'un ancien cadre ayant connu plusieurs mois de chômage avant de changer d'orientation professionnelle, que d'un jeune diplômé prêt à commencer par un stage dans l'entreprise ou encore d'une femme ayant fait ses preuves mais ne souhaitant consacrer qu'un mi-temps à sa vie professionnelle. D'autant que ces trois catégories devront, nous avons vu pourquoi, de plus en plus souvent coexister au sein d'une même structure, chacun cultivant des valeurs qui sont celles de sa génération, influencées par des parcours de moins en moins normés.

Comme le souligne Jacques Marseille, directeur de l'Institut d'histoire économique et sociale, l'entreprise va devoir s'adapter à ce choc des valeurs entre générations qu'il qualifie de « *Money* et Vietnam », pour celle née dans les années 1950, de « *Sun* et bobo » pour celle née après 1968 et de « Sida et compassion » pour la toute nouvelle qui arrive aujourd'hui sur le marché du travail. Quand on a connu un relatif confort dans la conduite de sa carrière comme les premiers qui occupent aujourd'hui des postes clés, que l'on a vécu dans l'idée d'une utopie encore réalisable pour les seconds et que l'on n'a jamais connu que la peur du chômage et la crise pour les troisièmes, comment trouver un terrain d'entente pour faire progresser ensemble l'entreprise ?

L'intégration des femmes

La diversité devient un facteur clé de performance de l'entreprise, comme l'ont compris et mis en pratique des groupes mondiaux, mais aussi naturellement des PME-PMI.

Ainsi, le patron de General Electric, Jack Welch s'était exclamé dès 1997 :

> *« Il existe dans le monde 52 % de cerveaux féminins, pourquoi n'y en a-t-il pas autant chez nous ? »*

Si cette remarque dans une société de culture américaine répondait peut-être au souci du « politiquement correct », elle n'en fut pas moins à l'origine d'un véritable programme d'action au sein de l'organisation. Comme l'explique le président de GE France, plusieurs initiatives ont été prises pour favoriser l'accès des femmes et leur ascension dans l'entreprise, avec notamment la création d'un réseau femmes, puis des engagements pris au niveau du comité de direction, un programme de **coaching** et d'évolution rapide pour les forts potentiels, bref toute une série de mesures volontaristes basées sur la performance, l'image et le renforcement d'un réseau favorisant les évolutions internes.

Au moment où les entreprises doivent se poser la question de l'élargissement de leur base de recrutement vers les femmes, en raison des déficits annoncés, celles qui ont ainsi déjà institué une culture de meilleur équilibre entre les sexes ont sans doute pris un avantage concurrentiel sur les autres.

Quand le bâtiment va...

> L'ANPE de Champagne-Ardennes, en partenariat avec les organisations professionnelles, l'Afpa et le conseil régional ont lancé en 2004 une opération de féminisation des métiers du bâtiment. Près de 170 entreprises se sont en effet déclarées prêtes à embaucher des maçonnes ou des électriciennes, pourvu qu'elles aient les compétences requises. Début 2004, une vingtaine de femmes étaient en formation en alternance pour satisfaire cette demande.

… ça roule dans le transport…

La parité et l'égalité professionnelle encouragées par les pouvoirs publics conduisent des entreprises à signer des contrats d'égalité. L'État verse en effet des aides financières pour des actions exemplaires en matière d'embauche, de formation, de promotion d'organisation ou de condition de travail. *Le Parisien Emploi* donne ainsi l'exemple d'une entreprise de transports qui s'engage à recruter et à former plus de 180 candidates à l'emploi, dont des conductrices poids lourds, des agents de quai qui chargent et déchargent les véhicules.[1] Les progrès techniques permettent désormais aux femmes d'accéder à ces métiers réputés masculins.

… et ça marche dans la restauration rapide

La chaîne Pomme de Pain, qui a ouvert une quinzaine de restaurants en 2006, diversifie ses sources de recrutement. Bien sûr, les étudiants restent une cible importante pour ces métiers possibles à temps partiel où l'on peut travailler selon des horaires souples. Mais Pascal Humblot, Directeur Général de Pomme de Pain déclare, dans un article du *Parisien Économie*[2], au sujet de l'employé idéal à ses yeux : « une mère de famille qui veut s'épanouir dans son travail sans pour autant délaisser ses enfants ».

La diversité pour se différencier

La mise en œuvre d'une stratégie d'*employer appeal* doit bien intégrer cette diversité, facteur de différenciation. Cette recherche de la diversité permet de renforcer l'attractivité de l'entreprise, tout en élargissant ce que les Anglo-Saxons appellent le ***sourcing***, c'est-à-dire les sources de recrutement et donc de capital humain. Elle conduit à développer des styles de management originaux qui sont autant de « marques de fabrique », loin des pratiques standard génératrices de conformisme.

1. Voir *Le Parisien Emploi* du 5 avril 2004.
2. 19 juin 2006, par Caroline Werlen.

La diversité favorise l'émergence des meilleures pratiques au plan local et leur partage, leur capitalisation globale. Mais sa mise en œuvre nécessite, comme nous l'avons déjà dit, des efforts supplémentaires avec des **segmentations de plus en plus fines** pour tenir compte des aspirations des uns et des autres, à tous les niveaux, en fonction de la situation et du potentiel de chaque individu. En collaboration avec diverses associations, de plus en plus d'entreprises adoptent des politiques de diversité volontaristes. Ainsi, de plus en plus d'entreprises, dans des chartes sociales, s'engagent-elles à combattre les discriminations de toutes sortes : sexe, origines ethniques ou sociales, religions ou convictions, opinions politiques ou syndicales, un handicap, l'âge ou l'orientation sexuelle…

La diversité, un véritable atout

Même si l'on peut penser que dans une génération, cette question de l'acceptation de la diversité ne se posera plus à ceux (les enfants d'aujourd'hui) qui seront les femmes et les hommes de demain aux plans politique, économique, social… et qui auront grandi en vivant et acceptant comme normale cette diversité, il n'en reste pas moins que cela pose un problème dans ce début des années 2000.

Si cette diversité existe évidemment dans la vie de tous les jours mais qu'elle n'est pas forcément bien acceptée par tout un chacun, elle est encore très faible, trop faible dans l'entreprise.

Trop souvent on constate qu'il existe des discriminations à l'embauche ou à l'évolution professionnelle pour les minorités visibles, les personnes handicapées, les seniors… qui plus est, sans doute, quand ce sont des femmes.

Certes des points de progrès se mettent en place et la signature, par exemple, de la Charte de la Diversité par des grandes et des petites et moyennes entreprises atteste d'une volonté de changement. La négociation de l'accord national interprofessionnel sur la diversité signée au niveau du Medef, la création de la Haute Autorité de Lutte contre les Discriminations et pour l'Égalité (HALDE) sont d'autres éléments patents de l'évolution. Mais, au quotidien, ces déclarations, ces engagements, doivent se traduire concrètement dans l'entreprise.

Il faut constater que le mot diversité peut couvrir beaucoup d'éléments et que cette diversité reste donc une notion large et assez floue. Non définie juridiquement, une politique de diversité n'existera alors qu'à travers des initiatives et des actions volontaires des entreprises contre toutes les discriminations.

De plus, il est indispensable, que cette notion de diversité se diffuse à tous les niveaux, qu'elle devienne un thème permanent des formations pour les managers et tous ceux qui embauchent, intègrent et encadrent des équipes. Les besoins grandissant en ressources humaines et en compétences, évoqués dans ce livre, et la pénurie de main-d'œuvre et de talents s'accroissant (en particulier dans certains métiers en tension) constituent sans doute une opportunité pour faire s'apercevoir aux plus réticents qu'intégrer une vraie politique de diversité dans l'entreprise va permettre d'élargir les sources de recrutement et être également un facteur d'enrichissement (développement de la capacité d'innovation, meilleure compréhension des attentes des différents clients, ouverture à de nouveaux marchés…) et la traduction de ce qu'est la société aujourd'hui.

Encore une fois, en sortant des sentiers battus du recrutement, il sera possible de découvrir des candidats différents dont le dynamisme et la loyauté envers l'entreprise seront très forts.

Nous verrons dans un chapitre de ce livre que le marketing RH, en ouvrant et en diversifiant les outils et les moyens de recrutement, va automatiquement et naturellement créer de la diversité dans l'entreprise.

Affirmer son identité

La fin des sociétés anonymes

Dans un monde où les repères se déplacent en permanence, savoir qui elle est et d'où elle vient est devenu une nécessité absolue pour toute entreprise qui se doit désormais d'être **visible et lisible**. Pour qui veut attirer de nouveaux talents, l'adage prêté aux chefs d'entreprises rétifs à la publicité, « vivons heureux, vivons cachés » est évidemment hors de propos. Inversement, les entreprises qui se fabriquent une image extérieure, sans commune mesure et sans rapport avec ce qu'elles sont réellement, ont toutes les chances de ne pas résister à la première crise venue. On l'a bien observé avec les centaines de start-up Internet qui ont disparu plus vite encore qu'elles n'avaient vu le jour, une fois leurs réserves épuisées, incapables pour la plupart de mobiliser leurs équipes par manque de projets réellement porteurs de moyens et surtout de véritable management. La personnalité du dirigeant est évidemment un élément fondateur de l'identité d'une entreprise, mais définir cette identité à travers sa personnalité ne suffit pas. Quelle vision a-t-il su partager avec ses collaborateurs, quelles valeurs leur a-t-il proposé d'adopter et de traduire dans leurs actions quotidiennes et concrètes, quelle attitude donne-t-il en exemple ? Ces différents éléments et bien d'autres encore servent de fondement durable à l'entreprise dans la construction de son identité qui la rend à nulle autre pareille.

Vue de l'extérieur

Mais combien d'entreprises savent ou prennent le temps d'analyser ces différentes composantes de leur identité, de s'interroger sur leur **histoire** et l'**héritage**, parfois enfoui, légué par leur créateur ? Les chiffres, alignés dans des documentations sur papier glacé et au contenu sans chaleur, sont les seuls repères dont disposent celles et ceux qui cherchent à savoir dans quel genre de société ils vont éventuellement postuler. Des bâtiments anonymes dans des espaces déshumanisés, une dénomination sociale parfois agrémentée d'un vague logo, des locaux sans personnalité, poussiéreux ou aseptisés selon les cas, tels sont les repères dont disposent encore trop souvent les candidats qui, pour la première fois, cherchent à **faire connaissance** avec l'entreprise. Vision caricaturale ? Tentez l'expérience ! Demandez à quelqu'un d'extérieur de vous parler de votre entreprise. Souvent, on vous citera le nom de son dirigeant, ses activités et encore pas toutes, le nombre de ses employés... Plus rarement, il sera question de la qualité des conditions de travail, des perspectives de développement, des possibilités d'évolution, des « avantages » sociaux. Tentez la même expérience en interne : là encore, à part quelques « anciens », rares sont celles et ceux qui, lorsqu'ils s'y sentent autorisés, identifient et donc définissent clairement l'entreprise où ils travaillent, en dehors de ce qu'ils y vivent quotidiennement, de façon très subjective et parcellaire, donc.

La carte d'identité

Le premier travail auquel oblige, s'il n'a pas déjà été fait, la mise en œuvre d'une stratégie d'*employer appeal* est de déterminer les éléments constitutifs de l'**identité** de l'entreprise. Ce sont évidemment d'abord des éléments factuels, date de création, chiffre d'affaires, nombre de collaborateurs qui sont autant de caractéristiques. Une entreprise qui a vingt ans dans le secteur des nouvelles technologies peut s'en prévaloir au même titre qu'une entreprise centenaire dans l'industrie. À l'inverse, la jeunesse offre des avantages qu'il convient aussi de mettre en avant.

Ce sont ensuite les activités, le ou les métiers exercés. Exercice facile ? Pas toujours ! Et de moins en moins au fur et à mesure que l'exercice d'une activité fait intervenir des techniques complexes et nécessite la combinaison de savoir-faire spécialisés, en constante évolution.

> Ford, Volvo, Toyota construisent tous trois des automobiles et pourtant, chacun possède une identité propre. Chacune de ces marques a son histoire mais sans doute est-ce leur façon d'exercer le métier de constructeur qui a le plus contribué à forger cette identité. Ford avait introduit une révolution avec la mise en place des premières chaînes de montage, Volvo avait été le premier à constituer des équipes d'ouvriers plus polyvalents travaillant sur des « projets » et Toyota a encore innové avec le concept de *lean production* qui implique encore d'autres méthodes de travail, en flux tendu.

La prise en compte de la façon dont l'entreprise exerce son métier est un élément caractéristique fort et ce, quels que soient sa taille et son secteur d'activité. L'invention d'un procédé technique, une innovation, l'introduction de nouvelles méthodes de management sont autant d'éléments constitutifs de l'identité.

L'âme de l'entreprise

Restent les **valeurs**. Plus difficiles à définir parce qu'immatérielles, souvent inexprimées ou insuffisamment partagées, elles sont l'âme de l'entreprise, ce qui va donc animer son fonctionnement, déterminer la qualité des relations entre ceux qui y travaillent, bref, **créer du lien.** Longtemps ces valeurs ont d'abord été celle des créateurs qui les ont naturellement fait partager à leurs collaborateurs. Que ce créateur disparaisse et on parle alors souvent de perte d'identité. Pourquoi ? Parce que ces valeurs n'avaient pas été assez solidement inscrites, marquées dans le corps et le cœur de l'organisation. De Félix Potin à Serge Trigano et bien d'autres, combien d'inventeurs ont-ils laissé derrière eux des marques orphelines, ayant perdu leur force ! Chanel, IBM, Casino, Accor et beaucoup d'autres, y compris des entreprises régionales ou locales ont au contraire su assurer la transmission des valeurs d'origine, au besoin en les faisant évoluer, sans rupture.

Son identité définie ou retrouvée, l'entreprise va naturellement pouvoir affirmer sa personnalité à travers un **plan d'actions de marketing des ressources humaines**, cohérent avec sa communication globale, comme nous le verrons plus loin. Mais pour affiner cette approche, il lui faut aussi regarder du côté de ses concurrents.

Observer attentivement la concurrence

La veille RH

Au fur et à mesure que les ressources qualifiées se feront plus rares et les exigences des candidats plus grandes, on peut naturellement imaginer que des pratiques aujourd'hui relativement marginales, utilisées pour « chasser ces candidats », deviennent sinon monnaie courante du moins de plus en plus fréquentes. Là encore, il convient de prendre les devants en établissant la liste de ses concurrents potentiels. Ceux-ci ne sont pas nécessairement tous les mêmes que les concurrents au plan commercial. Sur certains types de postes, les concurrents sont très nombreux et potentiellement dans tous les secteurs d'activités, sur d'autres ils ne sont que quelques-uns et la veille concurrentielle est plus facile, même si plus dure sera la « chasse ». Connaître les pratiques de ses concurrents en matière de recrutement et plus largement de gestion des ressources humaines sera aussi important que d'anticiper la stratégie d'un adversaire sur un champ de bataille… commerciale.

Le recours à des appels téléphoniques, l'envoi de candidatures spontanées ou en réponse à des annonces, la visite approfondie du site Internet sont autant d'occasions d'observer le comportement de ses concurrents en matière de recrutement, pour voir les bonnes idées et se différencier des mauvaises pratiques. Quels sont les canaux de recrutement qu'il utilise le plus fréquemment ? pour quels types de postes, fait-il appel à des cabinets spécialisés, lesquels ? Comment traite-t-il les candidatures, assure-t-il un suivi ? Lors des entretiens, quels sont les points qu'il met en avant, comment se présente-t-il ? Quels types de contrats propose-t-il, quelle rémunération, fixe, variable, intéressement, etc. ?

Le benchmark RH

Rares sont aujourd'hui les DRH qui se donnent les moyens d'effectuer cette **veille concurrentielle**, ce qui les prive en réalité d'atouts importants pour construire leur stratégie de recrutement. Dans le cadre d'une stratégie d'*employer appeal*, il est indispensable d'organiser ce que dans d'autres domaines on appelle le **benchmark**, autrement dit l'alimentation en données nouvelles et la comparaison permanente de ces données. Ce sera, par exemple, le recueil le plus systématique possible des annonces de recrutement passées par les entreprises concurrentes, pour tel ou tel type de profil, dans des journaux ou sur Internet. Ce sera l'analyse de ces annonces, de leur contenu, de leur forme pour en déterminer les points forts et les faiblesses.

Le positionnement RH

Pourquoi tout ce travail ? Il va en fait orienter la stratégie, permettre d'**affiner le positionnement** et servir dans la réalisation des actions proprement dites. Savoir qu'un concurrent recrute est déjà une information à part entière : en fonction des profils recherchés on peut en déduire le type de développement qu'il envisage, sur quels segments de marché. Une direction des ressources humaines capable de fournir ces informations à sa direction générale contribue à la veille marketing de l'entreprise. Mais cela doit aussi influer sur la mise en œuvre de ses campagnes : faut-il adopter une stratégie suiviste en profitant de la brèche ouverte, allumer des contre-feux en étant présent là où n'est pas « l'adversaire », carrément contre-attaquer ou, encore mieux, prendre l'initiative pour couper l'herbe sous le pied de ses concurrents ?

La différenciation RH

Accessoirement, cette façon de concevoir les ressources humaines peut être très stimulante ! L'**analyse qualitative** du discours, de la communication de recrutement de la concurrence va aussi déterminer la façon dont on va s'adresser à son tour à celles et ceux que l'on veut attirer, là encore en marquant sa différence, en faisant ressortir certaines **spécificités** dont ne se prévalent pas les autres. Seule règle : être en mesure de **prouver les arguments** que l'on avance. À ce titre aussi, on est à l'opposé de ce que l'on pouvait observer encore récemment dans les pages d'annonces de recrutement, souvent construites sur le même modèle, utilisant le même jargon, ne faisant apparaître aucune rémunération quand il avait été décidé – par quels spécialistes ? – que cette mention en temps de crise n'était pas pertinente, ou encore utilisant toutes le mot « talent » parce que le terme était à la mode. La logique d'employeur attractif est toute autre, c'est une logique marketing orientée vers celui que l'on veut rencontrer. Pour cela il faut d'abord, dans la foule des annonces qu'il consulte, qu'il ait une première impression et qu'elle soit, si possible, la bonne. Il est donc important de se distinguer des autres dans la forme et dans le contenu, d'être différent pour attirer l'oiseau rare et plus généralement les bons profils en nombre. L'étude de la concurrence est aussi fondamentale pour le choix des moyens, sur la panoplie desquels nous reviendrons. Vos concurrents participent à tel salon de l'emploi, devez-vous aussi y être ? Peu d'entre eux utilisent Internet, est-ce une opportunité pour vous différencier ou une fausse bonne idée ? Telle entreprise s'adresse directement à ses clients pour embaucher, ce modèle est-il pertinent dans vos activités ?

La mise en œuvre d'une stratégie d'*employer appeal* nécessite, on l'aura compris, de la curiosité, une nouvelle ouverture d'esprit, la volonté de **dépasser les certitudes** de la théorie en les confrontant aux réalités de la pratique, bref, une forme de remise en question permanente en fonction des éléments d'informations nombreux et variés que l'on ira chercher, comme nous l'avons vu, aussi bien en interne qu'à l'extérieur, chez ses clients comme chez ses concurrents. Le monde des ressources humaines est en train de vivre sa **révolution marketing**. C'est aussi l'opportunité pour ses responsables de quitter leur cadre fonctionnel trop stéréotypé.

Respecter les points clés du positionnement

Le positionnement doit être déterminé précisément en fonction de l'analyse stratégique réalisée par l'entreprise en fonction de ses **objectifs** et de son **marché**. Ce positionnement va être traduit par une promesse qui servira d'accroche, de signature et sera déclinée pour la **communication RH** en particulier pour certaines grandes entreprises par exemple. Mais cette **promesse** dépasse le simple outil de communication pour constituer un moyen privilégié d'**harmoniser** la présentation et la mise en œuvre des **programmes RH prioritaires**.

Ce positionnement peut être moins abouti, plus vague, non complètement formalisé mais il doit exister quelle que soit la taille de l'entreprise. C'est une sorte de « drapeau ».

Pour faire vivre ce que contient la promesse ou le positionnement (non traduit obligatoirement sous forme de slogan), qui seront déclinés à travers les différents programmes RH et les avantages offerts par l'entreprise, des **éléments de design spécifiques RH** peuvent venir compléter la charte graphique de l'entreprise, comme signe distinctif des autres types de communication, institutionnelle ou produit. Pour le public interne, comme pour l'externe il est en effet important de repérer ce qui est de l'ordre du domaine RH de l'entreprise, surtout si celle-ci communique beaucoup et qu'elle explique les arguments d'attractivité. C'est en quelque sorte un **signe de reconnaissance RH**. Cette forme de communication RH doit être parfaitement **cohérente** et respecter **l'identité visuelle institutionnelle** de l'entreprise. Une des tentations, souvent observée et d'autant plus courante que l'identité visuelle n'a pas été clairement établie au plan de l'entreprise est d'utiliser « sauvagement » un élément de cette identité (symbole intégré au logo, par exemple) dans une déclinaison de communication RH.

Cela risque de nuire à la cohérence et à la force de la communication, en brouillant les messages plutôt qu'en les clarifiant.

Exemples de thèmes et d'accroches « déjà vus »

Les accroches ci-dessous ont, à quelques mots près, été utilisées par des grandes entreprises qui illustrent un premier positionnement général.

Thèmes	Accroches
Défi, goût du challenge	« Ensemble, repoussons les limites »
Innovation, créativité	« Innovez en toute liberté »
Innovation, création	« Ensemble, construisons notre avenir »
Travail en équipe	« Conjuguons les talents »

Parmi ces accroches, quelles sont celles que l'on peut spontanément attribuer à une marque ? Ne sont-elles pas pour une grande partie d'entre elles interchangeables ? Ne faut-il pas aujourd'hui aller plus loin, être plus direct, plus simple et moins « déjà vu » ?

Voici des exemples de thèmes qui seraient peut-être plus précis, plus caractérisant de l'entreprise :

– Éthique, dimension humaine, autonomie.

– Développement professionnel et personnel.

– Proximité géographique, culture régionale.

– Ouverture à la diversisté.

– Responsabilité sociale et environnementale.

Les objectifs de la stratégie d'*employer appeal*

L'objectif est de connaître les forces objectives de son offre employeur, quelle que soit la taille de l'entreprise, de la très grande à la très petite.

Mesurer son attractivité :

- Évaluer sa notoriété et son image-employeur.
- Dresser le constat d'attractivité.
- Corriger son image et l'objectiver.

Définir ses métiers :

- Qualifier l'univers professionnel.
- Réfléchir aux qualités requises et aux compétences.
- Dresser une cartographie des métiers et des besoins.
- Mettre en perspective des parcours professionnels possibles dans son organisation.

Introduire de la mixité et de la diversité :

- Réaliser sa pyramide des âges en trois dimensions (sexe, âge, expériences).
- Analyser les complémentarités.
- Identifier les manques pour les anticiper.

Analyser le positionnement marketing RH de ses concurrents employeurs :

- Organiser une veille systématique.
- Constituer une base de données.

Affirmer son identité :

- Donner du sens à son histoire, retrouver ses valeurs fondatrices et les rendre concrètes au quotidien.
- Éviter le suivisme des modes.
- Mettre en lumière ses spécificités, ses différences et leur intérêt.

CHAPITRE 2

Bâtir un véritable plan marketing RH

Une fois précisés les principaux éléments nécessaires à l'élaboration de sa stratégie d'*employer appeal*, la mise en œuvre de celle-ci va s'opérer selon une démarche marketing pratiquement jamais utilisée en matière de ressources humaines. Là encore, le fait même de suivre ce cheminement va être un gage d'efficacité supplémentaire des actions. Pour faire un parallèle, le marché des ressources humaines, comme celui de la consommation il y a vingt ans, passe d'une logique de masse à une logique individuelle.

Il ne s'agit plus de vendre le même produit à une catégorie de consommateurs plus ou moins bien identifiés, mais d'**être choisi** par des profils d'individus dont on aura préalablement détecté les attentes. En fonction de cette **cartographie de besoins de compétences** évoqués plus haut, il va falloir adopter un **positionnement, une offre employeur, des messages précis** et se fixer des **objectifs à court et moyen terme** de **conquête**, de **fidélisation** en fonction de ses publics cibles. Pour chaque cible, il s'agit de construire des argumentaires, avant de mettre en place les outils proprement dits permettant la réalisation du **plan marketing RH**, comme par exemple la construction d'un « plan média », le lancement et le suivi des campagnes d'image-employeur ou de recrutement, la mise en œuvre et l'animation d'un réseau de prescripteurs…

Les questions à se poser pour l'élaboration du plan marketing RH

– Quelle est ma cible directe ? *(le cœur de cible)*

– Quelle est (sont) ma (mes) cible(s) indirecte(s) ? *(les prescripteurs)*

Ces deux questions sont à se poser en terme d'attractivité et également à l'intérieur de l'entreprise en terme de fidélisation.

– Qu'est-ce qui caractérise mon « offre employeur » et quel est mon argumentaire d'employeur attractif ?

– Quels sont les objectifs à court terme et à long terme en fonction de chaque public visé en dehors et dans l'entreprise ?

Après avoir répondu à ces questions, il s'agit de réaliser un plan d'actions, de prévoir des outils de mesure, de fixer un calendrier de ces actions et bien sûr, d'en établir le budget.

Définir son offre employeur

Les éléments d'information et d'analyse rassemblés lors de la phase de réflexion stratégique doivent permettre de se positionner en tant qu'employeur sur le marché du travail. Chaque entreprise est en mesure de définir dans ces conditions un **positionnement et une offre employeur** qui lui soient propres, quelle que soit sa notoriété par ailleurs. De là va découler l'ensemble des actions de marketing RH qui seront décidées. C'est en quelque sorte le référent, le juge de paix de la cohérence des actions engagées, quelles qu'elles soient. Et cette cohérence est, nous l'avons vu, devenue indispensable pour être non seulement efficace mais crédible auprès de publics plus prompts que jamais à douter de la vérité des discours qui leur sont adressés. C'est la **cohérence** de toutes les expressions d'un employeur, tant vis-à-vis de ses **publics internes** – salariés, managers, partenaires sociaux –, qu'**externes** – candidats, partenaires, médias... Le positionnement et l'offre employeur sont en quelque sorte une forme d'engagement, contenant déjà une **promesse** : il doit donc être précis, ne pas rester dans un flou plus ou moins artistique qui, d'ailleurs, irait à l'encontre de la nécessité évoquée plus haut de se différencier. Et, bien sûr, il doit correspondre à la réalité, pouvoir être démontré si besoin est.

Ce travail sur l'offre employeur va quelquefois permettre de mettre en évidence des faiblesses sur tel ou tel thème et obliger ainsi les responsables RH, entre autres à enrichir le contenu de cette offre. À ce titre cette phase peut être porteuse d'innovation sociale.

Le positionnement marketing RH sera en général, mais pas systématiquement, en lien avec la politique de communication de l'entreprise sur son marché. Pourquoi ? Parce qu'on imagine mal aujourd'hui, alors que les barrières entre l'interne et l'externe, entre les clients, les actionnaires, les collaborateurs tendent à disparaître, comment il serait possible d'adopter des positionnements différents ou non cohérents, comme deux faces d'une même médaille, souriante d'un côté, grimaçante de l'autre. En termes d'organisation, la conséquence directe de cette nécessaire cohérence est que les responsables des ressources humaines vont, plus que jamais, travailler en étroite collaboration avec ceux de la communication.

Co-pilotage RH et communication

Au-delà de la communication, la réflexion porte d'abord sur le contenu de l'offre employeur qu'elle va proposer à ses différents publics afin qu'elle soit en cohérence avec les objectifs stratégiques de l'entreprise. La communication aux candidats externes qu'elle veut attirer va avoir un écho auprès d'autres personnes. Il faut bien avoir conscience que cette communication s'adresse également indirectement à l'ensemble des salariés de l'entreprise mais aussi aux clients, aux partenaires, aux investisseurs et aux actionnaires. Il est donc nécessaire d'associer, dans une démarche qui vise à développer une **image-employeur**, les responsables de la communication et ceux des ressources humaines au sein d'un groupe de pilotage.

Exemple de Southwest Airlines

C'est une compagnie aérienne américaine, positionnée sur un accès au transport aérien à des prix très compétitifs. Ce positionnement s'est traduit pour ses clients par la promesse « *freedom to fly* », synonyme d'autonomie, de liberté de choix, d'accessibilité au plus grand nombre. Pour les salariés, qui avaient des attentes fortes en terme de responsabilités, d'individualisation, d'initiative, la promesse, le positionnement est « *freedom begins with me* ». Concrètement, elle s'est traduite par un ensemble d'actions RH : développement de carrière, formation, retraite et prévoyance, rémunération…

Ce qui est vrai pour des multinationales qui disposent d'établissements partout dans le monde l'est tout autant pour une entreprise régionale qui agit sur un bassin d'emplois plus restreint. Le **positionnement** sera le point d'ancrage de l'image-employeur, un **repère** mais aussi une **promesse**, l'engagement et l'expression de ce qu'est l'entreprise en termes de ressources humaines. Ce positionnement va orienter les actions et permettre de réaliser une **feuille de route**, avec des objectifs à court et moyen termes pour devenir un **employeur attractif**.

Élaborer des objectifs à court et long terme

Halte à l'improvisation !

Le positionnement RH, défini en fonction de la stratégie d'*employer appeal* telle que nous l'avons examinée et indirectement selon le positionnement général de l'entreprise sur son marché, n'a de sens que s'il correspond à des faits, à des actions qui vont elles-mêmes s'inscrire dans un **plan d'objectifs à court et moyen termes**. Là encore, il convient de sortir de la spirale infernale de l'improvisation à laquelle ont souvent été contraintes les DRH durant les années de crise, sous la pression d'une logique à très court terme, au risque de ne pas répondre aux attentes des salariés sur un marché qui se caractérise par sa vitesse d'évolution de plus en plus grande.

BP travaille sur la diversité

Depuis plusieurs années, le groupe pétrolier BP cherche à diversifier sa population de cadres. En 2001, le programme *Diversity and Inclusion* a pour objectifs de veiller à **l'équilibre vie privée/vie professionnelle**, à la richesse des **différences culturelles**, à l'**équité hommes/femmes**. Cela s'est traduit par un plan d'actions au niveau des recrutements, par la mise en place d'une grille de diversité. Ensuite des formations ont été lancées au niveau européen sur l'organisation du temps de travail en tenant compte des différences hommes/femmes. Enfin des seniors coachent de jeunes recrues en travaillant sur des sujets tels que l'équilibre vie privée, vie professionnelle.[1]

1. « Diversifier et fidéliser », *Figaro Entreprises*, 2 juin 2003.

On l'aura compris : pour mettre en œuvre ce plan marketing RH, il ne s'agit pas de prévoir des actions au coup par coup, en fonction de la mise en œuvre et du déroulement de tel ou tel programme RH, mais bien de concevoir, de réaliser et d'articuler avec continuité ces actions de marketing RH dans le cadre d'un plan d'ensemble, validé avec la direction générale.

La formalisation de ce plan marketing RH permettra de mettre en perspective l'ensemble des actions, d'avoir une vue d'ensemble et d'expliquer la cohérence. Une véritable cartographie sous forme de matrice montrera immédiatement par exemple les redondances ou au contraire les absences de certaines actions.

L'approche matricielle

L'ensemble de ces objectifs pourra être inscrit dans une matrice positionnant les différentes **actions complémentaires** à mener par l'entreprise employeur.

À ce stade, on identifie les **leviers RH** prioritaires en fonction des besoins de l'entreprise, en cohérence avec les attentes des populations clés visées et en choisissant les canaux de communication adaptés. Pour être totalement efficient, le mix doit être le plus différenciant possible, sinon dans le choix des outils du moins dans leur combinaison. Là également, il est important de mettre en place un benchmark permanent avec ses concurrents.

La matrice présentée concerne des publics externes mais elle doit également être réalisée pour les actions dirigées vers les salariés de l'entreprise afin d'accroître la fidélisation.

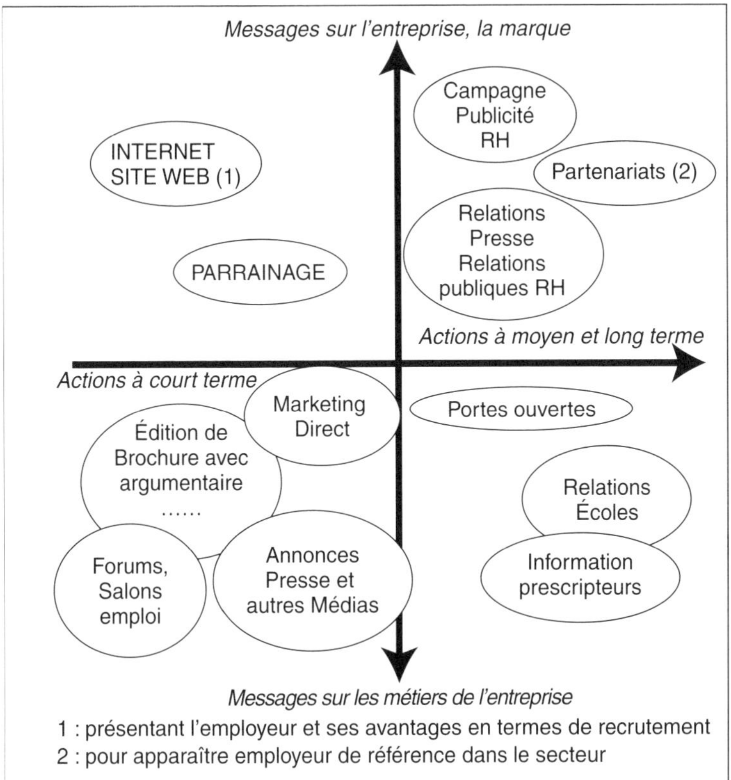

Exemple d'un graphique d'actions marketing RH

Cibler juste

« Pourquoi cibler ? » demanderont encore certains, sûrs que leur offre employeur doit naturellement trouver preneur ou au contraire craignant de ne pas toucher leur public, s'ils « n'arrosent pas large ». En ne se posant pas la question de son **cœur de cible**, on va au-devant de deux types de problèmes.

– Sur des objectifs de recrutement, c'est d'abord le risque de galvauder son image-employeur, puisqu'en étant présent un peu partout et n'importe où, on ne sera vraiment pertinent nulle part. Le message sera nécessairement généraliste, peut-être banal, en tout cas insuffisamment précis pour permettre en retour une remontée de candidatures exploitables, qualifiées. Souvent, il faudra alors gérer des centaines de CV, et subir le syndrome de « l'aiguille dans la meule de foin ».
– Surgit alors le second problème : perte de temps, gaspillage de ressources en internes ou de coûts externes et, surtout, incapacité à traiter correctement chacune des candidatures, ce qui, nous le verrons, a des contre-effets en termes d'image. Il en est de même pour le choix de canaux ne correspondant pas bien à ce cœur de cible recherché.

Exprimer ses besoins

Le ciblage est facilité par le travail préalable réalisé en amont. On sait qui on cherche et surtout pour quoi faire, dans quel cadre et avec quelles perspectives. Car cibler, c'est aussi s'obliger à connaître le marché. Et on doit savoir que le type de profil qui pourrait répondre à nos besoins se trouve dans tel ou tel univers, dans telle ou telle situation, utilise tel ou tel moyen de communication ou de déplacement. Il est donc important de se constituer une **base de données** comprenant les informations qui vont permettre d'opérer une première segmentation et grâce uniquement aux vecteurs de communication idoines pour chacun de ces segments ainsi qu'à des arguments adaptés.

Constituer des argumentaires par segments

Une mosaïque d'argumentaires

À chaque cible va correspondre un argumentaire adapté. Comme nous l'avons déjà évoqué, les attentes varient, selon que l'on s'adresse aux *baby boomers*, aux 40/55 ans ou à ceux de la « génération X » (avant 40 ans) car la conception du travail et les valeurs sont différentes. Mais à l'intérieur de ces deux catégories, plusieurs segments coexistent également. Si globalement les *baby boomers* restent sensibles à la rémunération, au statut, à la carrière et souhaitent une certaine stabilité, la génération X recherche plutôt des opportunités de développement, un intérêt à son travail, un équilibre vie privée/vie professionnelle, une action qui a du sens, un environnement de travail sympathique, une rémunération liée à la performance.

Sites emplois. Dans le magazine *Management*[1], Richard Menneveux, dirigeant de Moovement.com, déclare : « Nous voulons permettre aux recruteurs et aux candidats de dénicher des propositions très pointues, correspondant exactement à leur souhait ».

L'argumentaire de l'offre d'emploi va encore varier, selon que l'on s'adresse plutôt à des femmes ou à des hommes. Il convient donc, en amont de la phase de recrutement proprement dite, de construire les argumentaires et des supports qui seront utilisés pour chaque population clé visée, sachant que les arguments seront affinés et personnalisés au fur et à mesure que l'on avancera dans cette phase de recrutement, en fonction des éléments d'informations supplémentaires qui seront disponibles. Mais n'oublions pas que ces argumentaires doivent être parfaitement cohérents avec la réalité vécue dans l'entreprise.

1. Octobre 2006.

Car il s'agit, au-delà des promesses de recruteur, de véhiculer une argumentation qui sera vérifiée dans les faits à travers la politique RH de l'entreprise. Enfin, attention que cet argumentaire ne soit pas porteur de discrimination, et ce, dans tous les domaines.

Chose promise, chose due !

Trop nombreux sont les exemples de promesses faites à l'embauche et non tenues ensuite, qu'il s'agisse d'évolution professionnelle, de transparence de l'information ou d'équilibre vie privée/vie professionnelle. Aujourd'hui déjà, les études montrent que ces décalages constituent un facteur majeur de **désengagement** et de départ des plus performants. Demain, chacun ayant davantage le choix et tous pratiquant le zapping, l'effet boomerang des promesses incohérentes sera terrible. Plus encore, un message négatif sera véhiculé au-delà des candidats déçus.

Bon argumentaire pour bon segment

Une meilleure connaissance des motivations des publics recherchés pourra se faire à travers un échantillon représentatif de ces cibles de candidats grâce à des entretiens collectifs grâce à ce que les responsables marketing appellent des « focus groupes ».

Une entreprise de services a pris soin de tester des photos illustrant sa campagne de recrutement. Elle s'est aperçu, grâce à un focus groupe, qu'un des clichés qui allait être retiré sur avis des experts, était le plus plébiscité par les participants au focus.

Mettre en place des outils

Impliquer l'interne

Une fois sélectionnés les outils et les actions correspondant aux objectifs recherchés vient le temps de leur **mise en œuvre**. Là encore un certain nombre de règles doivent être respectées pour la réussite des projets engagés. D'abord, il convient de s'assurer de l'**implication** de l'ensemble du management dans la réalisation de ceux-ci ainsi que de l'information aux partenaires sociaux. Il est arrivé, au moment du lancement d'une belle campagne utilisant un film superbe pour valoriser un métier, que le représentant du personnel de la société intervienne sur les ondes en prétendant que le film était tout sauf la réalité. Il sera aussi indispensable d'expliquer au personnel le choix des messages et des outils, pour qu'il comprenne l'importance de la démarche, voire en ressente de la fierté. Dans certaines entreprises, on utilise quelquefois les témoignages de collaborateurs comme un élément « de preuve » de ce qui est déclaré.

Toute cette information préalable permet de bien faire comprendre au management, aux collaborateurs et aux partenaires que le marketing RH participe à la pérennité de l'entreprise, dans la mesure où il la rend attractive auprès des candidats et donc indirectement des clients et des actionnaires.

Mesurer les résultats

Évidemment, chaque outil doit être doté d'un **indicateur de performance** défini. Cette mesure peut consister, s'il s'agit d'apprécier l'efficacité d'annonces de recrutement, à suivre le nombre de CV qualifiés reçus puis le nombre d'embauches effectives. Une chose est sûre, si le travail décrit en amont a bien été effectué, les résultats sont souvent spectaculaires. Évidemment, si les progrès sont insuffisants, il faut prévoir la possibilité d'**actions correctives**. À bien des égards, la démarche s'apparente à celle d'un processus qualité : définition des exigences réciproques, mise en place d'indicateurs, mesures correctives, processus d'amélioration…

Un exemple de mesure d'efficacité d'une campagne de publicité R.H. sur le site de recrutement de l'entreprise

> Dans une grande entreprise de services, les candidatures reçues sur le site de recrutement étaient de l'ordre de 2 400 par mois. Au moment de la première campagne de publicité ressources humaines, ce nombre est passé à près de 3 300 candidatures.

Décliner le plan marketing RH

À l'externe et à l'interne

Comment va ensuite se décliner le plan marketing RH ? Trois axes de développement peuvent, logiquement, être envisagés :

– Le premier concerne évidemment le recrutement de futurs collaborateurs.

– Le second vise la fidélisation et la motivation des « cliemployés » de l'entreprise.

– Le troisième axe enfin, plus globalement, intègre tout ce qui vise à animer et enrichir la relation de l'entreprise avec son environnement et ses partenaires au sens large.

Nous reviendrons en détail sur le développement de chacun de ces axes. Mais à chacun d'entre eux correspondent des actions bien particulières avec des **argumentaires segmentés**. Le plan marketing RH vise à construire une architecture d'ensemble des actions à mener. Il va constituer un véritable tableau de bord enrichi d'indicateurs de coûts mais aussi de résultats. Mieux ce plan aura été conçu en amont, plus il sera facile d'en mesurer l'efficacité globale, son retour sur investissement.

Les conditions de la réussite

La première condition pour une mise en œuvre réussie est la pédagogie. Un bon marketing des ressources humaines ne peut pas se passer d'explications à l'intérieur de l'entreprise, bien au contraire. Que les publics soient directement concernés ou non, il est important, comme nous l'avons dit d'**expliquer pourquoi** on met en place tel programme, dans **quel cadre**, avec quelle **finalité**. Qu'il s'agisse par exemple de la parution d'une campagne d'annonces dans la presse pour embaucher de jeunes diplômés, il est indispensable de communiquer au préalable sur le sujet en interne. Faute de communication, la campagne de recrutement risquera par exemple d'être vécue comme le prélude à l'élimination des anciens, pour peu que le climat social ne soit pas au beau fixe. Donc, le plan marketing RH doit faire l'objet d'une **communication claire et complète**. Pour les DRH qui disposent de quelques moyens supplémentaires, il peut être utile de réaliser un document pédagogique resituant les programmes et actions dans le contexte des objectifs stratégiques de l'entreprise. Ce type de documents doit surtout avoir pour fonction, en particulier dans une entreprise décentralisée, d'aider le management à s'approprier les outils mis à leur disposition par leur fournisseur RH interne. Accessoirement, cette communication, toujours opérationnelle, jamais « paillettes », contribue à faire évoluer l'image des ressources humaines et la compréhension de ses rôles au sein de l'organisation. Qui plus est, ces actions et leur logique de retour sur investissement vont transformer l'image traditionnelle du DRH fonctionnel pour le rapprocher à tout point de vue des directions opérationnelles en mettant en évidence sa valeur contributive aux résultats de l'entreprise.

La deuxième condition est de ne pas hésiter à **valoriser** auprès des partenaires externes **les actions RH engagées**, qu'elles concernent l'interne ou soient tournées vers le marché de l'emploi. Il s'agit de porter la bonne parole, de donner de la visibilité à ces actions. D'une part, cette communication auprès des relais d'opinions, des acteurs institutionnels, économiques et sociaux permet de renforcer l'impact des actions de marketing RH, dans la mesure où elle participe à rendre l'entreprise plus attractive, puisque dynamique et innovante dans la gestion de ses ressources humaines. D'autre part, elle renforce le sentiment d'adhésion à ces actions en interne dans la mesure où elles sont montrées en exemple à l'extérieur. Or, les entreprises et notamment les responsables de ressources humaines ont tendance à se montrer trop modestes en l'espèce ou répugnent culturellement encore trop souvent à mettre en avant leurs actions à l'extérieur. Elles peuvent même faire l'objet d'un véritable programme de relations avec la presse. L'exemplarité RH fait désormais partie de la compétitivité de l'entreprise et doit être revendiquée par elle !

Constituer des relais de prescripteurs

Le relais de l'image-employeur

En fonction des axes retenus, il est nécessaire à ce stade d'identifier quels sont les **prescripteurs potentiels** de l'offre employeur, quels sont les corporations, organismes, associations, institutions, relais qui peuvent parler des métiers exercés dans l'entreprise et orienter d'éventuels candidats. L'objectif est de relayer cette image-employeur au plan local, régional, national, voire international, et d'alimenter en informations ces relais. Bien évidemment, ce travail est aussi et d'abord celui des syndicats professionnels mais l'entreprise a sa carte à jouer pour valoriser ses points d'excellence et de différenciation. Les prescripteurs sont avant tout ceux que l'on va consulter pour leur demander conseil et ceux que l'on écoute, qui ont autorité pour parler, les relais d'opinion. Les parents, les hommes politiques, les responsables de l'emploi, les présidents d'association, les clubs sont autant de relais potentiels que l'entreprise, bien souvent, n'implique pas suffisamment ou dont elle sous-estime l'influence.

Quoi qu'on en dise, les parents continuent de jouer un rôle dans l'orientation de leurs enfants mais ont rarement une connaissance réelle des possibilités qui s'offrent dans leur région. En France, les associations sont très nombreuses et tissent un réseau particulièrement dense. De plus en plus, elles recherchent le soutien d'entreprises locales pour financer en partie leurs activités. Pourquoi ne pas mettre en place de véritables **partenariats** ?

L'aide à la promotion

Tous les responsables de CIO[1] ou d'ANPE ont-ils une connaissance précise de chaque entreprise présente sur leur

1. Centre d'Information et d'Orientation.

territoire ? Rien n'est moins sûr. L'entreprise qui va leur fournir un argumentaire, leur apporter de véritables outils d'aide à la vente va directement participer à leur performance : ils deviendront ses agents prescripteurs pour les profils recherchés. Des opérations conjointes, comme il en existe déjà, sous forme de journées d'information, de portes ouvertes seront plus systématiquement organisées. L'ANPE offre la possibilité aux entreprises qui recrutent de se présenter sur son site Internet.

La presse

Les journalistes aussi, dans le cadre de leurs reportages, ont une influence directe sur les publics visés. Il ne faut plus se contenter de s'adresser à eux pour des questions ponctuelles mais les inviter à des visites, des rencontres plus ou moins formelles qui vont leur permettre de toucher du doigt la réalité du terrain dont on a trop souvent tendance à les tenir éloignés. De plus, cette relation au long cours facilitera la communication en cas d'événement particulier, voire de crise.

Les clients

Les clients de l'entreprise, eux aussi, sont des prescripteurs potentiels en terme d'emploi. S'ils sont satisfaits des services offerts par une entreprise, s'ils en ont une image positive, s'ils voient des employés épanouis, ils seront des relais précieux et, là encore, en fonction de la taille et de l'activité de l'entreprise, de ses métiers, des actions sont à prévoir. Dans la pratique actuelle, il n'est pas rare qu'un client s'adresse à son interlocuteur dans une entreprise pour lui demander s'il n'y aurait pas un poste pour son conjoint, son enfant, un neveu. Il est plus rare que l'entreprise engage la démarche dans le sens inverse, alors qu'elle s'adresse à une cible qualifiée. Pourquoi ne pas imaginer des annonces dans le journal d'information, distribué aux clients ? Ou encore de l'information carrière sur le point de vente, mais de façon plus attrayante qu'une simple affiche scotchée à côté des caisses ou sur un comptoir.

Un moyen interne : la cooptation

Les meilleurs prescripteurs ne sont-ils pas finalement les salariés eux-mêmes ? Qui mieux qu'eux connaît l'entreprise et saura en vanter les qualités ? Qui, mieux qu'un collaborateur de l'entreprise sait si le candidat qu'il coopte est à même de s'intégrer ou non à la culture de l'entreprise ? Le **parrainage**, la **cooptation** sont de formidables outils de marketing RH, accélérateurs de candidatures pré-qualifiées. Chaque salarié peut être impliqué dans des opérations de cooptations qui prévoient le versement d'une prime (ou d'une autre gratification innovante) à celles ou ceux dont les « filleuls » auront effectivement été embauchés. Tout le monde a eu ou aura un chômeur dans son environnement et le fait de pouvoir participer à cette embauche va, audelà de l'intérêt pour l'entreprise, donner de l'importance sociale et de la fierté à ce parrain.

☞ **Attention**

Il doit s'agir d'une procédure relativement formelle, aux règles transparentes, avec un suivi des candidatures adressées de la part des responsables des ressources humaines, pour tenir informé le « parrain » de la suite réservée à son action.

Relais d'opinion, organismes professionnels, clients, salariés, il s'agira de construire pour chaque type de prescripteur, un plan d'action prévoyant les contacts à initier, les informations à fournir, les opérations à organiser.

1. « Le vrai coût d'un recrutement », février 2004.

Employees wanted : reward !

Rapportée par la revue *Management*[1], l'initiative prise par le cabinet de conseil Deloitte et Touche qui offre une prime de 2000 euros en moyenne à tout salarié à l'initiative d'un recrutement réussi.

« Sur 700 salariés recrutés en un an, 61 ont été cooptés » précise la responsable du recrutement.

Plus élaborée, *Le Figaro*[2] nous présente la cooptation dans la SSII Alti. Fondé sur les cinq sens, le programme se déroule par séquence de deux mois. Par exemple, une phase de la cooptation est sur le thème du goût, et quand un collaborateur permet un recrutement durant cette période, il se verra offrir un cours de cuisine à suivre chez un grand chef. Michel Hamon, directeur général d'Alti déclare au *Figaro* : « Nous cherchions à nous différencier tout en mobilisant au maximum les équipes. Le thème de la campagne de cooptation a l'avantage de souligner l'aspect humain et les préoccupations de bien-être de la société. Lorsqu'un service coopte beaucoup, c'est un indice de satisfaction. Il s'agit pour nous d'inciter les managers à faire que les équipes se sentent bien. » La SSII se fixe comme objectif de pourvoir 30 % de ses postes grâce à ce programme dont le changement des thèmes (les 5 sens) permet de faire perdurer l'intérêt pour les collaborateurs.

Et au-delà de ce que peuvent imaginer les entreprises, il existe même désormais sur internet un site de recrutement par cooptation : **jobmeeters.com**

1. « Le vrai coût d'un recrutement », février 2004.
2. 20 novembre 2006, J-B L.

Entretenir les relations avec les écoles

Une richesse potentielle trop souvent ignorée

Toute démarche de marketing RH doit intégrer une politique précise de relations avec les écoles et, dans ce domaine, les champs d'investigations sont immenses. Il convient de dresser la liste la plus exhaustive possible des filières de formation existantes, des plus généralistes aux plus spécialisées pour dresser une base de données des écoles correspondant au secteur d'activité de l'entreprise. Ensuite, il est intéressant d'établir celle des filières dont sont issues les différentes catégories de personnel de l'entreprise pour, éventuellement, resserrer son champ de prospection. Enfin, il est instructif d'examiner quelles sont les relations, directes ou indirectes que l'entreprise entretient ou devra entretenir avec les écoles cibles identifiées. Pour une entreprise de moyenne taille, le tour d'horizon sera vite fait. Pour de plus grandes structures, décentralisées, on se rendra compte que les liens sont très nombreux, diversifiés dans leur nature, rarement coordonnés et structurés et donc impossibles à apprécier en termes d'efficacité.

L'école à l'entreprise

> Dans un lycée professionnel de Saint-Étienne, les travaux pratiques des élèves d'une classe de Terminale, section hôtellerie, se font en situation dans l'hôtel Mercure de la ville. Pendant une journée, les élèves vivent une expérience professionnelle, avec des responsabilités, face aux clients en lieu et place du personnel de l'établissement, qui se place en retrait, en position d'aide et de coaching.
>
> C'est évidemment là une formidable opportunité pour ces élèves de réaliser en grandeur nature ce qu'ils apprennent à l'école. C'est également la possibilité de choisir concrètement les postes où « ils se sentent » le mieux et le plus à l'aise. C'est enfin une occasion

de créer un échange riche entre les employés, les responsables de l'hôtel, les professeurs et les élèves.

Ces journées *in situ* sont bien sûr transposables, avec les adaptations inhérentes aux métiers, à de nombreux secteurs d'activité.

Un travail de longue haleine

Les relations suivies et structurées avec les écoles doivent être pensées dans les mêmes termes que le reste, avec la volonté de se différencier par un niveau de professionnalisme, d'exigence, par des propositions de partenariats originales, une approche cohérente. Ce type de relation doit s'inscrire dans **la durée**. D'abord, il convient de lister des écoles, des lycées et des instituts universitaires avec lesquels un partenariat ou des relations privilégiées peuvent être engagés ou pour le moins une communication permanente.

Prenons un exemple : en analysant le cursus de sa population d'ingénieurs, l'entreprise se rend compte qu'ils proviennent en majorité d'écoles de province, moins cotées que les grandes écoles mais préparant visiblement bien aux métiers de l'entreprise. L'objectif doit être alors de formaliser des liens qui, le plus souvent restent ponctuels et informels (via l'association des anciens, les interventions des uns et des autres en formation, le versement de taxes d'apprentissage, etc.) pour mettre en place de véritables partenariats prévoyant, par exemple, le financement d'un programme de recherche, des interventions pédagogiques de la part d'ingénieurs au sein de l'école, des visites de sites, des échanges d'information via Internet…

Ce partenariat se prolongera alors naturellement par des offres de stages ou un cursus d'apprentissage dans un cadre conventionnel approprié, puis par des opportunités de recrutement privilégiées.

Dans le cas des grandes entreprises, cette politique sera mise en place par un **campus manager**, idéalement jeune et sorti d'une école analogue, qui veillera même à la qualité de l'intégration de ces jeunes et au suivi de leur carrière. Mais en tout état de cause, et qui plus est si les besoins de recrutement sont massifs et à des niveaux d'études inférieurs, il s'agira d'identifier une personne qui aura le rôle de suivi avec d'autres types d'écoles, à commencer par les écoles professionnelles qui forment des titulaires de CAP ou de Bac Pro.

Une véritable politique de relations avec ces écoles se traduira par des actions récurrentes selon les établissements, les régions à partir d'une base de données permettant de sérier les écoles et d'assurer un suivi précis de ces relations : montant des taxes d'apprentissage versées, visites pour présenter l'entreprise, nombre de stagiaires, nombre de contrats d'alternance...

Campus manager, un métier !

Extrait du *Guide des professionnels des RH et de l'enseignement supérieur* réalisé par Hobson France et TBWA Corporate [1] :

« Les relations écoles/entreprises sont devenues un métier à part entière, mais ce métier ne fait que se développer. Dans un monde en réseau, la relation interpersonnelle devient en effet un facteur clé de réussite. C'est cette relation qui permet d'être mieux placé que son concurrent sur tel ou tel forum, c'est cette relation encore qui permet d'identifier tel ou tel potentiel dans une école cible. C'est cette relation enfin qui va favoriser le versement de la taxe d'apprentissage ou la mise en œuvre d'une chaire d'entreprise. Ces relations écoles/entreprises ont une place majeure dans un bon dispositif de communication RH. »

1. 2004.

Ce qui est décrit ici pour l'enseignement supérieur est tout aussi vrai pour les relations que doivent initier les entreprises locales avec les lycées et les écoles professionnelles de leur région.

Unilever crée la marque You

Le groupe Unilever privilégie le suivi personnalisé des candidatures et crée la marque You pour le faire savoir.

La marque You affiche d'emblée l'ambition d'Unilever d'entrer dans le cercle des employeurs de référence. Pour la responsable communication écoles et formation[1] qui a mis au point le concept You :

« Aller sur les campus de Dauphine et organiser des forums aux Ponts et Chaussées, à Sciences Po et aux Arts et Métiers ne suffit plus pour attirer les jeunes talents. Il faut bien sûr identifier des potentiels, échanger, repérer et sélectionner des candidats, mais l'étape de la sélection passée, il est indispensable de parfaire leur cursus par des formations idoines en phase avec les métiers de l'entreprise, de les faire entrer dans la sensibilité du groupe car au final, ce qui est déterminant, c'est de miser sur l'intégration et la formation. »

Sur le site Internet, le logo Unilever est en retrait et, avec le You, l'individu se retrouve au premier plan du site.

« Ici, on ne parle ni salaire ni gestion de carrière, mais état d'esprit, poursuit la responsable. Chaque société a son langage, il est donc important que nous puissions intégrer des jeunes en tenant compte des compétences, mais aussi des comportements et des sensibilités. Un bon élément pour Unilever n'est pas forcément un ingénieur ou un diplômé d'une grande école de commerce. Nous sommes très heureux d'attirer dans notre groupe des gens qui ont fait des formations différentes, étudiants en biologie ou en histoire de l'art, par exemple. »

1. Site www.you-unilever.com (mai 2003) « une marque pour recruter les meilleurs ».

L'opportunité des nouvelles technologies

Les nouvelles technologies sont aussi une source d'**innovation** importante en matière de marketing RH, notamment dans les relations avec les écoles. L'entreprise peut aider certaines filières, quelquefois sous-équipées, à familiariser leurs élèves avec de nouveaux matériels professionnels (machines, équipements techniques), et bien sûr avec les outils informatiques tout en leur apportant du contenu, des animations et à terme, des aides à la recherche de stages ou d'emplois en ligne. Sans doute des pistes peuvent être explorées en matière d'**e-learning**, l'entreprise partageant alors son expertise sur des sujets spécifiques. À chaque fois, l'idée est de permettre aux élèves de progresser en général mais aussi de leur apporter un enseignement qui les positionnera avantageusement pour faire acte de candidature ultérieure dans l'entreprise sponsor. Cette démarche pourra également viser les professeurs et les responsables d'établissements qui pourront mieux connaître les atouts de l'entreprise et donc devenir là aussi des prescripteurs.

Ces approches ne doivent jamais apparaître comme arrogantes ou hégémoniques, et doivent être suivies et durables. Les entreprises qui se donneront ces moyens redécouvriront vite tout le profit qu'elles peuvent tirer, à plus ou moins moyen terme, de cette source de recrutement insuffisamment exploitée ces dernières années.

Par là même elles poseront les bases, auprès de ces étudiants et de leurs enseignants, d'une image employeur crédible.

Des exemples commentés d'actions de marketing RH

Campagne de recrutement Toys' R us (2003)

« Vous n'avez pas fini votre croissance. »

Ici sont valorisées la croissance de l'entreprise et la croissance professionnelle des collaborateurs grâce à la formation.

Une tonalité résolument ludique pour une enseigne en pleine évolution !

Campagne de recrutement Pepsi (2003)

« Allergique à l'ennui... Vivez votre métier dans deux univers : snacks, soft drinks. »

Ce positionnement est décliné à travers des annonces presse percutantes et impertinentes, fidèles à l'image d'une marque de soft drink mondialement connue.

On retrouve ce ton décalé jusque dans le livret d'accueil édité lors du déménagement du siège de Pepsi France.

La charte de communication RH de Vivendi Environnement (Véolia depuis 2003)

Pour les quatre marques du groupe (Connex, Dalkia, Onyx, Vivendi water), la DRH édite et diffuse en interne une **charte** comprenant une introduction sur ce que recruter veut dire pour le groupe, une série de textes de présentation du groupe et de chaque société, avec une déclinaison par filiale.

Son objectif est de mettre en cohérence des présentations, la charte graphique avec l'accroche (« Une valeur sûre pour votre avenir ») et également son mode d'emploi, la signature institutionnelle (« S'engager pour les générations futures ») et son mode d'emploi, les couleurs de la charte graphique pour chaque division et leur composition, les typographies utilisées dans la charte graphique et leur niveau d'utilisation, les photographies utilisables et leur mode d'accès et d'exploitation, les règles d'utilisation au plan juridique, les outils de communication (offres d'emploi, mise en page gabarit en différents formats, annonce classée, bannière Internet, page d'annuaire, déclinaison en fonction des supports, le site Internet, espace campus). Enfin, la DRH propose ses services en tant qu'agence interne et la liste des interlocuteurs.

Le guide pratique de la communication de recrutement Accor

Bilingue français/anglais, le guide pratique de la communication de recrutement du groupe Accor explique la façon dont a été conçue la publicité institutionnelle ressources humaines, comment elle se décline en termes de messages écrits et visuels et insiste sur l'importance de sa cohérence avec la communication du groupe. Suit la liste détaillée des formats d'annonce disponibles, exemple d'annonces à l'appui. Ensuite, le guide explique point par point comment se construit une annonce de recrutement : mise en page, couleur, forme, contenu, mentions légales, accroche, signature… Il donne des conseils pour rédiger une bonne annonce en fonction des publics visés : des textes sont fournis pour la présentation de chaque marque du groupe, des conseils proposés pour la rédaction des annonces, en fonction de leur format. Les règles d'utilisation des logos sont ensuite rappelées. Enfin, il est expliqué comment publier l'annonce de recrutement et comment recruter sur Internet. Un CD-Rom est inclus dans le guide pour servir aux prestataires externes. Le contenu de ce CD est téléchargeable sur l'intranet du groupe et permet de décliner la campagne dans une série d'outils de marketing RH à utiliser dans les salons emplois, dans les forums des écoles…

Mais plus qu'un guide pratique, ce document rappelle les engagements du groupe en matière de recrutement. C'est notamment le cas pour la politique de diversité qui est explicitement exprimée : « Nous nous engageons à interdire toute sélection fondée sur des motivations non professionnelles : religion, âge, sexe, opinions politiques, origine ethnique, handicap, appartenance syndicale… et plus généralement, appliquer la réglementation de chaque pays favorisant la diversité et l'égalité des chances ».

Au-delà des règles de formalisation d'annonces de recrutement, les entreprises et leurs directeurs des ressources humaines devront donc également édicter des principes de recrutement, particulièrement en termes de non discrimination. Ces principes devront également traiter des outils de recrutement utilisés et écarter explicitement des tests non validés par l'entreprise comme peuvent l'être la graphologie, l'astrologie et autre numérologie…

Toute cette stratégie *d'employer appeal*, concrétisée par un plan d'actions marketing RH, va positionner l'entreprise de façon plus attractive sur le marché de l'emploi. Les deux objectifs fondamentaux restent donc d'une part d'attirer pour recruter les bons candidats et d'autre part de fidéliser des collaborateurs motivés.

Pour ce qui concerne le recrutement, grâce à ces premières phases du marketing RH, l'environnement, le contexte, l'*a priori* seront donc meilleurs pour les candidats potentiels. Il n'en reste pas moins qu'il faudra recruter mieux et différemment, puis accueillir/intégrer dans les règles de l'art pour, au final, fidéliser des collaborateurs impliqués. Et pour ce faire, la créativité, les nouvelles façons de faire, mais aussi des innovations sociales seront de mise. Ce n'est pas là le moindre des apports de l'esprit marketing RH et le moindre des enjeux du directeur des ressources humaines.

CHAPITRE 3

Diversifier le recrutement

Du sur-mesure...

L'ère du recrutement de masse est révolue et pour réussir sa stratégie d'*employer appeal*, il faut faire évoluer les schémas anciens de traitement des candidatures et les pratiques qui en découlent. Pourquoi ? D'abord parce que, comme nous l'avons vu, la main-d'œuvre qualifiée disponible sera globalement en voie de raréfaction, en tout cas difficile à séduire et que, dans un contexte de compétitivité accrue, les entreprises ont de plus en plus besoin de recruter des profils spécifiques. Il ne suffit plus de sortir le panneau « Aujourd'hui, embauche » sur la porte de l'usine, ou de faire passer une annonce dans le journal pour recevoir des candidats qualifiés, *a fortiori* de bons candidats. Il s'agit de faire de plus en plus du sur mesure.

... À la mesure

Tout comme lorsqu'il s'agit de conquérir un client, recruter coûte cher. C'est pourquoi surtout dans un contexte de plus grande rareté, il faut assurer le retour sur ces dépenses qui risquent justement d'exploser si les ressources disponibles diminuent. Car de même qu'on parle de coût d'acquisition d'un client dans certains secteurs d'activité à forte valeur ajoutée, de même il est normal de parler de coût de conquête ou de remplacement d'un collaborateur – coût dont aujourd'hui peu d'entreprises ont véritablement un chiffrage précis. Si tel était le cas, les DRH prépareraient davantage leurs recrutements et leur politique de fidélisation. Quand un marché est en forte ou très forte expansion, comme on l'a vu par exemple avec celui de la téléphonie mobile, les opérateurs se soucient peu du coût d'acquisition des clients qui reste marginal par rapport aux bénéfices réalisés. Mais que ce marché stagne, on découvre alors les dangers de ce que les commerciaux appellent le *churn*, à savoir la désaffection d'un client que l'on croyait fidélisé. De même, demain, justement parce qu'il faudra gérer de nouvelles exigences, les directeurs de ressources humaines devront disposer d'indicateurs précis pour justifier des actions de plus en plus coûteuses au fur et à mesure que les efforts à déployer pour conquérir de nouveaux candidats seront importants. Ils devront fournir aux directions utilisatrices, des chiffres justifiant la validité de leurs investissements. Aujourd'hui nous n'en sommes pas encore tout à fait là, mais il est évident que la démarche, telle que nous l'avons décrite et qui aboutit à la mise en œuvre d'un plan marketing RH, est déjà un élément de rationalisation et de meilleure visibilité des dépenses, à mettre en regard avec les résultats obtenus.

Des solutions à portée de main

En réalité, sans avoir besoin d'investir d'emblée dans des systèmes d'information et des solutions technologiques, il est possible d'optimiser les coûts de recrutement et de fiabiliser celui-ci grâce à une série d'actions simples que nous détaillerons dans ce chapitre. Enfin, dans l'univers complexe de notre société, hyper-médiatisée mais comportant paradoxalement de plus en plus de zones où la communication traditionnelle passe difficilement, il faut plus que jamais savoir sortir des sentiers battus pour avoir une chance de rencontrer celles et ceux qui sont susceptibles de travailler dans l'entreprise. Les médias utilisés traditionnellement suffiront de moins en moins à toucher efficacement les cibles visées. La question est maintenant de savoir comment recruter le bon profil, au bon endroit et au bon moment. Plus que jamais, faisons preuve d'imagination !

Le recrutement, et avant ?

Reprendre l'initiative

Certains dénoncent le fossé qui semble séparer le monde de l'enseignement de celui de l'entreprise, le moment où les jeunes apprennent et celui où ils entrent dans la vie active, professionnelle. D'où les difficultés que rencontreraient certaines entreprises pour recruter. L'objectif n'est pas ici d'analyser les causes de cette désaffection supposée mais de rechercher des solutions qui, bien souvent, ne sont que la remise au goût du jour de recettes qui ont fait leur preuve en leur temps.

Une chose est claire : les entreprises ne peuvent pas attendre que d'aucuns se substituent à elles pour résoudre leurs problèmes de recrutement. Il leur faut multiplier les initiatives en prévision du moment où elles auront vraiment besoin de renouveler leurs ressources. Le temps, pas si lointain, est révolu, où le fils rejoignait l'usine dans laquelle travaillait son père, y entrant comme apprenti avant d'y devenir ouvrier et parfois contremaître. Ce modèle est évidemment dépassé et les possibilités d'évolution sont heureusement, dans bien des cas, supérieures.

Ce n'est pas une raison pour ne pas s'ouvrir au public, réinventer d'autres façons de faire découvrir son entreprise et de susciter des vocations. Obsédées par le court terme, gérant leurs ressources au coup par coup, nombre d'entreprises semblent avoir oublié ce qui se pratiquait autrefois, quand il s'agissait d'attirer les enfants du baby-boom.

À la rencontre de ses publics

Qui n'a pas, dès sa prime jeunesse, rêvé de faire un métier parce qu'il avait vu quelqu'un l'exercer avec passion ou parce qu'il en voyait d'abord les côtés les plus positifs ? Dans les grandes villes, à l'heure de la télévision et des jeux vidéos, les occasions de contact sont plus limitées mais restent en tout cas sous-exploitées. C'est bien ce contact direct qu'il faut recréer pour préparer les recrutements futurs. Au même titre qu'une concession automobile organise le dimanche une journée portes ouvertes, pourquoi l'usine d'assemblage, de métallurgie, de micro-électronique locale n'organiserait-elle pas une visite commentée ? En visitant les usines, on se rend compte à quel point les métiers qu'on y exerce sont divers et combien les conditions de travail sont différentes de l'idée que l'on s'en fait !

Cette façon de montrer ce que l'on fait, ce que l'on est, vaut également pour les petites et moyennes entreprises et les artisans, là, où la démonstration de l'importance du geste sera concrètement observée.

***Recrutements* in situ**

En Allemagne, où la culture industrielle est plus valorisée qu'en France, Volkswagen a toujours ouvert au public son usine de Wolfsburg. Au Brésil, telle grande chaîne hôtelière internationale organise la visite de ses établissements pour les familles de ses employés de façon à susciter de nouvelles vocations.

D'une autre façon, Mc Donalds pour sa part distribue des dépliants attractifs – *L'Emploi chez Mc Donalds, parlons-en* – dans chacun de ses points de vente, mettant en avant son engagement social, « le travail à dimension humaine », l'équilibre entre vie personnelle et vie professionnelle, la formation, la promotion interne... Si cette campagne est sans doute aussi destinée à contrebalancer les effets négatifs de mouvements sociaux médiatisés ici et là, elle participe avant tout à la préparation de recrutements ultérieurs.

Plusieurs chaînes de magasins distribuent des dépliants de recrutement sur leurs différents points de vente. Un mini CV détachable peut être rempli (coordonnées, formation, expérience...) et être déposé dans une urne.

Ces actions s'adressent à leurs clients qui sont considérés, en l'occurrence, comme d'éventuels candidats ou des prescripteurs de candidats. Attention : la prestation de services délivrée devant ces clients ne doit pas être l'expression concrète du contraire de ce qui est décrit dans les brochures proposées.

Avant-vente et après-vente

À chaque fois que c'est possible, il s'agit de préparer le recrutement en suscitant des contacts directs, en informant les publics cibles des activités, des pratiques et des potentialités offertes dans son entreprise. Ce travail, qui ne produit pas de résultats immédiats, est en revanche un formidable accélérateur pour les recrutements futurs. Ainsi, comme nous l'avons vu avec la fonction de **campus manager**, des entreprises proposent à leurs jeunes ingénieurs de devenir leurs ambassadeurs dans leur école d'origine en entretenant des contacts avec l'association des anciens élèves, en y diffusant les offres d'emploi, organisant des conférences, participant à des forums, sponsorisant des galas. Là encore, cette démarche n'est pas réservée aux grandes entreprises, ni dédiée à des grandes écoles uniquement. Dans une PME, une personne, diplômée de tel lycée professionnel pourra mettre en place ce système de relations avec cet établissement scolaire. Qui en effet de plus crédible qu'un « ancien » jeune diplômé parlant à de jeunes diplômés ?

Les grandes entreprises n'ont pas le monopole de ce type d'approche sur les campus. Les entreprises de taille plus modeste ont aussi des arguments à faire valoir auprès des écoles, grandes ou petites : la proximité, la possibilité d'accéder rapidement à des postes de direction générale…

Donner aux stages leurs lettres de noblesse

Les stages peuvent être comparés à une forme d'apprentissage tel qu'il était aux métiers dits « manuels » et à l'industrie traditionnelle. À ce titre, ils doivent également être intégrés dans la **stratégie de recrutement ou de pré-recrutement** des entreprises, au moment où les opportunités se font plus rares. Si en pratique, la tendance est que de plus en plus de stages débouchent sur des embauches, la proportion de celles-ci reste encore trop faible par rapport au nombre total de ces stages. Plus grave, les stagiaires sont encore trop souvent confinés à des tâches sans relation réelle avec le métier de l'entreprise qui les accueille et ne sont pas réellement pris en charge, d'où un sentiment de manque de considération que révèle par exemple une enquête réalisée en 2002 par les étudiants de l'école de commerce de Paris[1]. Cette façon de gérer les stagiaires est rétrograde et détériore l'image-employeur de l'entreprise.

1. Enquête ISC Promo Etudes.

Non seulement les stagiaires ne doivent plus être considérés comme une main-d'œuvre d'appoint bon marché mais l'entreprise doit **respecter, encadrer et reconnaître** leur travail.

Pour le président de l'ISC Promo Études, Junior Entreprise de l'ISC Paris :

> *« Il faut, par exemple, inviter le stagiaire aux réunions, lui donner la parole, l'écouter... Le respect doit se manifester dès le premier jour. Pour cela, l'entreprise doit soigner l'accueil... Offrir par exemple un bureau et des outils de travail en bon état. Le stagiaire doit être considéré comme un futur candidat à l'embauche. »*[1]

Les défilés et les manifestations spectaculaires des « masques blancs » repris dans tous les médias en 2006 ont permis de mettre en lumière le peu de considération qu'ont encore beaucoup d'entreprises envers les stagiaires. La loi sur l'égalité des chances va aider à l'évolution positive de cette situation grâce à la « charte des stages étudiants en entreprise ». De leur côté, de plus en plus d'écoles de commerce, par exemple, s'assurent, grâce à un professeur tuteur, tout au long du stage, de l'intérêt des missions demandées par les entreprises.

Les entreprises ont tout intérêt à bien accueillir des stagiaires c'est-à-dire les intégrer aux équipes et les mettre dans les meilleures conditions de départ pour qu'ils réussissent leur stage et leur mission. La motivation en sera d'autant plus vite acquise. Le stage va ainsi permettre au stagiaire de connaître l'entreprise, ses métiers, ses hommes, son organisation, ses pratiques tandis que celle-ci peut déjà évaluer ses aptitudes. En considérant ses stagiaires comme des candidats potentiels, l'entreprise se constitue un vivier de compétences dans lequel elle pourra puiser, le cas échéant. Si le stagiaire est satisfait et que l'entreprise souhaite

1. Le Book pré-recrutement 2002-2003 édité par Hobsons France et TBWA Corporate : *Le stage réussi, selon les étudiants.*

l'embaucher, il lui donnera sans doute la préférence sur une offre concurrente. Même si le stage ne donne pas lieu à un recrutement, le stagiaire satisfait fait la promotion de l'entreprise d'accueil auprès de ses camarades et dans son entourage, il devient porteur de son image, ce qui ne manquera pas de générer des candidatures nouvelles et plus généralement un discours positif sur l'entreprise.

Trouver un stage est souvent le fruit d'une démarche structurée de la part des candidats, dans le sens où ils vont établir des critères pour choisir et postuler. C'est une approche du même type que les entreprises doivent adopter vis-à-vis d'eux et de leur école. Pour l'entreprise, il convient de mettre en place des grilles de recrutement des stagiaires pour valider et qualifier le besoin exprimé par les responsables et de prévoir des outils de communication, de tests et d'évaluation pour faciliter l'intégration des stagiaires et s'inscrire dans une logique d'objectifs réciproques précisément définis. D'ores et déjà, les politiques de stage font l'objet de conventions de plus en plus « professionnelles » entre les universités ou les écoles de formation, les étudiants eux-mêmes et les entreprises.

Comme le résume la responsable des stages et des relations avec les entreprises à l'ESC Dijon :

> « *L'entreprise doit formaliser sa demande par écrit, en proposant un stage adapté aux compétences et au cursus de l'étudiant. La réussite se joue aussi au moment de l'entretien avec le stagiaire... Il faut enfin qu'il y ait une parfaite intégration du stagiaire...* »

Gageons que les stages vont devenir un mode de pré-recrutement très concurrentiel dans les prochaines années. Sur ce sujet, dans *Le Parisien Économie*[1], Bruno Dumas, responsable du recrutement chez Capgemini, déclare : « Les stages sont

1. 19 juin 2006.

une partie importante de notre politique de recrutement. Le taux de transformation est presque de 80 % ». Déjà la question de la rémunération, qui n'est pas obligatoire, se pose de façon de plus en plus fréquente. Cette rémunération signifie bien que les stagiaires voient leur valeur reconnue.

Pierre Freidenberg, responsable des relations avec les entreprises à l'ISC Paris prophétise :

> *« L'entreprise doit se situer dans la fourchette des indemnités pratiquées sur le marché, sinon elle ne trouvera personne. Cette fourchette est fonction de l'implication et de la mission du stagiaire. Il faut définir des objectifs qualitatifs et quantitatifs, et préciser l'enveloppe appropriée. »*

Face à cela, l'entreprise ne devra tout de même pas avoir peur de dire que le stagiaire a, certes, des droits mais aussi des devoirs qu'il est bon de formaliser.

La charte d'accueil de stagiaires chez Accor

Chaque stagiaire dans les hôtels du groupe Accor se voit remettre à son entrée un document qui contient un message d'accueil signé d'un dirigeant, rappelle les engagements d'Accor envers le stagiaire (« vous rencontrer avant votre arrivée, vous accueillir, vous encadrer, vous former, vous suivre ») en détaillant chaque point, décrit les métiers exercés dans leur variété. Cette chemise contient trois fiches :

- les deux premières « stagiaire » et « tuteur » rappelant les engagements respectifs de chacun ;
- la troisième étant un « questionnaire de satisfaction » à remplir par le stagiaire à l'issue de son stage, et à renvoyer (enveloppe affranchie fournie) pour un traitement anonyme par une entreprise extérieure.

Enfin, le document comprend les adresses et les contacts des délégations régionales pour l'emploi et l'insertion au sein de l'entreprise.

Réapprendre l'apprentissage

Plus impliquant que la convention de stage, le contrat d'apprentissage (ou le contrat de professionnalisation qui, depuis le 15 novembre 2004, est venu se substituer aux trois anciens types de contrat en alternance : le contrat de qualification, le contrat d'orientation et le contrat d'adaptation), présente aussi des potentialités évidentes en terme de recrutement que les entreprises doivent mieux exploiter pour préparer les recrutements futurs. Une alternance est organisée entre l'entreprise et l'école, selon des modalités dépendant principalement du cursus suivi. Le contrat d'apprentissage est-il déjà une forme de pré-recrutement pour les entreprises ? Oui, dans la mesure où, en examinant les chiffres, on constate que 80 % des jeunes sont embauchés à l'issue de leur formation. Non, car il en reste 20 % qui quittent l'entreprise d'accueil à l'issue de leur contrat, voire pendant l'apprentissage. Est-ce à dire qu'on n'a pas su les retenir ?

Les apprentis parlent aux apprentis

Dans certaines entreprises, le suivi des apprentis est particulièrement organisé et par exemple confié à un ancien apprenti, donc particulièrement sensibilisé aux problèmes que ceux-ci peuvent rencontrer face aux salariés ayant suivi un autre cursus ou déjà intégrés dans l'entreprise.

De plus, les apprentis qui sont embauchés dans l'entreprise vont se voir offrir de travailler dans un lieu différent de celui où ils ont suivi leur apprentissage, ce qui permet d'éviter, face à leurs nouveaux collègues d'être « vus » comme des anciens apprentis et donc d'être payés en conséquence.

Par ailleurs, les modes de communication utilisés avec cette population encore jeune sont adaptés à leurs habitudes (téléphone portable, SMS...) de façon à maintenir un lien permanent entre eux et leur parrain qu'est l'ancien apprenti. Moyennant quoi, ces apprentis restent très majoritairement fidèles à l'entreprise qui les a accueillis en apprentissage.

Mais dans certains secteurs d'activité, il est plus difficile de retenir des compétences qui font l'objet d'une demande forte sur le marché. Raison de plus pour les suivre attentivement. En tout état de cause, garder les apprentis après leur formation devient un enjeu majeur alors que la pression concurrentielle s'accroît sur tous les métiers. Il faut pour cela que l'entreprise étudie les motivations de ses apprentis et cherche, le cas échéant, à les faire évoluer. L'alternance, qui est une façon pour le jeune de financer ses études, peut déboucher sur une volonté d'intégration pour peu que le salaire et le plan d'évolution proposés par l'entreprise soient motivants. Ainsi, un grand groupe de BTP parvient à conserver ses apprentis en les gérant comme de hauts potentiels et en les faisant changer de service et de fonction en cours de cursus. Ce qui est valable pour un grand groupe devrait l'être tout autant sinon davantage encore pour une PME. La difficulté est souvent liée à la question du **tutorat** mais on peut imaginer que par exemple, chez les artisans, cette transmission du savoir est très culturelle et se fera naturellement. En tout état de cause, une entreprise bien managée, quelle que soit sa taille, doit être en mesure de former ses apprentis et de les retenir si elle le juge souhaitable.

En 2006, Véolia Environnement a lancé un programme pour former à ses différents métiers 6 000 personnes en alternance, en leur permettant de signer un contrat d'apprentissage ou un contrat de professionnalisation. Michel Plasse, délégué régional Île de France de Véolia Environnement déclare dans un article du *Parisien Économie* du 19 juin 2006 : « Alors que les métiers de service sont en train d'exploser, nous constatons un manque criant de candidats. Par ailleurs, Véolia se doit ainsi d'anticiper le remplacement des départs en retraite ». Cette opération a fait l'objet d'un marketing très précis avec des bus qui ont parcouru l'Île de France et un slogan percutant et chargé d'une promesse forte : ″une vraie formation, un vrai diplôme, un vrai emploi″ ».

Les managers doivent faire évoluer leur vision trop souvent stéréotypée de l'apprenti. En revanche, les écoles doivent également faire des efforts pour structurer les modes d'alternance proposés, quelquefois inadéquats. En effet, les durées d'absence en entreprise sont trop longues. Un bon rythme est sans doute d'alterner deux semaines en entreprise, avec une à l'école. En tout cas, l'alternance est en général une mine inexploitée, particulièrement en tant qu'excellent sas d'adaptation et de progrès entre vie estudiantine et vie professionnelle. A priori, l'apprenti est considéré comme peu productif, difficile à manager. Or il a des qualités spécifiques, pas ou peu exploitées : possédant un œil neuf, il peut étudier son travail en classe et revenir avec des solutions novatrices, il est aussi un observateur de ce qui se passe dans les autres entreprises grâce à ses camarades. Enfin soulignons que l'intégration des stagiaires et des apprentis, comme nous le verrons pour les nouveaux embauchés, doit faire l'objet d'une attention renforcée. Ces modes de « pré-recrutement » sont sans doute les plus prometteurs et les plus avantageux au fur et à mesure que les ressources se font plus rares et plus chères.

L'apprentissage ça marche ! [1]

380 000 apprentis en 2005.

Plus de 80 % de jeunes embauchés à l'issue de leur formation.

500 métiers ouvrant à des carrières dans tous les secteurs d'activités.

1 400 diplômes accessibles, du BEP au master spécialisé.

1 215 centres de formation des apprentis (CFA) implantés dans l'hexagone.

1/3 de jeunes femmes en formation.

Une ambition réaffirmée : 500 000 jeunes en apprentissage à l'horizon 2009.

1. www.cohesionsociale.gouv.fr

Charte de l'apprentissage

Après la mise en route, en 2005, des mesures en faveur de l'emploi des jeunes du Plan de Cohésion Sociale, les entreprises se mobilisent. La charte de l'Apprentissage, élaborée par la Mission de promotion de l'apprentissage, présidée par Henri Lachman, a été signée par déjà plus de 1 000 entreprises. Ces signatures et les engagements qu'elles impliquent confèrent à ces entreprises une volonté affichée de participer à la lutte contre les inégalités face à l'emploi.

Les habits neufs de l'intérim

Le recours à l'intérim permet à l'entreprise, dans certains cas, de faire face à un accroissement temporaire d'activité et sera sans doute aussi précieux dans un contexte de raréfaction des ressources. Mais c'est déjà une porte ouverte sur l'emploi pour les salariés recrutés dans ce cadre. Certains peuvent, après cette période de découverte mutuelle, voir ce contrat d'intérim se transformer en contrat à durée indéterminée avec l'entreprise. Ces embauches définitives se feront d'autant plus souvent que la société de travail temporaire aura bien identifié les besoins, les métiers et surtout les niveaux d'exigences, voire les valeurs, de l'entreprise cliente. C'est pourquoi le choix de cette société d'intérim par l'entreprise doit faire l'objet de la plus grande attention, d'une relation suivie et régulièrement évaluée. Aujourd'hui, l'intérim ne doit plus être considéré comme une solution marginale, d'autant moins que le marché est constitué majoritairement d'acteurs de plus en plus professionnels, qui sont devenus des entreprises à part entière. N'est-ce pas l'occasion d'établir de véritables partenariats pour mieux anticiper les besoins à venir, la société d'intérim devenant un relais de l'entreprise cliente au plan de son attractivité ?

Ces partenariats devront notamment reposer sur la prise en compte des exigences de l'entreprise quant à son image-employeur de façon à rester cohérente par rapport à ses différents publics, internes et externes. En effet, l'intérim ne doit pas apparaître à l'intérieur de l'entreprise comme une solution de rechange mais comme une opportunité supplémentaire de pré-recrutement. À l'externe, l'intérim ne devra pas être perçu comme un simple outil de gestion des flux mais comme s'inscrivant dans une politique de recrutement plus globale.

Choisir ses canaux de recrutement

À l'écart des sentiers battus

Il est toujours instructif d'enquêter autour de soi sur la façon où les uns et les autres ont trouvé un emploi ou, plus exactement, se sont lancés dans une première carrière correspondant à leur vocation. Même si ce n'est pas le plus efficace ou le mieux adapté pour tous, passer une petite annonce reste le mode de recrutement le plus utilisé, dans beaucoup de secteurs d'activité.

L'ANPE, un partenaire à part entière à utiliser

Alors que s'opère la réforme sur les contrats en alternance, avec l'arrivée notamment du contrat de professionnalisation, l'ANPE est plus que jamais un support opérationnel pour l'entreprise.

☞

Vingt-trois mille conseillers sont à son service pour l'aider à recruter. Sur trois millions d'offres collectées, 87 % sont satisfaites chaque année, selon la brochure distribuée par l'agence. Parmi les services accessibles via l'ANPE, citons notamment :

– La diffusion des offres sur anpe.fr

– L'aide dégressive à l'employeur.

– Le contrat initiative-emploi.

– Plus généralement, les mesures et dispositifs favorisant l'embauche.

Exemple : une convention cadre nationale a été signée en 2006 entre l'ANPE et Disneyland Resort Paris. L'objectif est de faciliter les 6 000 recrutements prévus en 2007 en proposant, entre autres, des possibilités d'insertion à des demandeurs d'emploi

À se procurer : le document publié par l'ANPE, « Les mesures pour l'emploi » informe les demandeurs d'emploi et les entreprises sur les mesures les plus adaptées à leurs besoins et aide les employeurs à monter leur dossier, à trouver et à recruter des candidats.

Beaucoup d'entreprises ont déjà l'impression de faire face à une pénurie de compétences. Mais ont-elles choisi le mode de recrutement adéquat pour les attirer ? Ce qui est vrai à l'heure actuelle le sera demain davantage encore, au fur et à mesure de la raréfaction des ressources. Il est donc urgent d'innover en diversifiant ses canaux de recrutement.

Pour certaines fonctions, moins qualifiées et pour lesquelles les règles habituelles de recrutement se révèlent peu efficaces, des entreprises innovent déjà en mettant en œuvre de nouvelles méthodes pour capter des individus qui, dans le système traditionnel, étaient des « laissés pour compte ». Inversement, des trésors d'ingéniosité et de moyens continuent à être déployés pour chasser les « forts potentiels », même si les tensions de ce marché évoluent en permanence. Ce qui restait l'exception devient la règle avec une approche marketing RH : à chaque segment de population ciblée en amont vont correspondre un ou plusieurs canaux de recrutement spécifiques. Dans certains cas, il va même falloir imaginer combiner une série d'actions réparties dans le temps.

L'État sur la voie du marketing RH

Selon les statistiques publiées par le ministère des Affaires sociales en février 2004, quelque 300 000 projets de recrutement seraient abandonnés, faute de candidats adéquats. C'est dans ce contexte que l'État a fixé à l'ANPE et l'Afpa l'objectif de réduire le nombre de ces offres non satisfaites comme le relate le journal *Les Échos*[1] :

« Le levier utilisé consiste à lancer des actions ciblées sur un certain nombre de secteurs, en les déclinant de façon différente dans les régions. Dans chacune d'entre elles, les services de l'État et l'ANPE choisiront entre trois et cinq métiers pour lesquels ils s'engageront à accroître de 20 % les offres d'emploi satisfaites. »

L'anticipation gagnante

Le temps est aussi un facteur à mieux prendre en compte. Il faut en effet chercher le plus possible à anticiper pour maximiser ses chances de succès. L'idéal est de combiner segmentation et anticipation :

– segmentation pour toucher la cible à travers le ou les médias/actions adaptés ;

1. « La difficile adéquation entre offre et demande d'emploi », 20 février 2004.

– anticipation pour être les premiers à la toucher et donc avoir un avantage sur ses concurrents.

Cela nécessite, comme nous l'avons vu, la mise en place d'une veille permanente pour référencer l'ensemble des supports, médias, événements, susceptibles d'être utilisés en recrutement.

L'exemple des journaux gratuits

Prenons un exemple, les journaux gratuits distribués dans les métros des grandes agglomérations. Comme l'ont révélé des études, ces journaux gratuits sont lus par des personnes qui en majorité, ne lisent pas de quotidien payant. Ils touchent un très large lectorat, dont la caractéristique commune est évidemment de se déplacer. On y retrouve toutes les catégories sociales et donc socioprofessionnelles. Voici une étude de lectorat[1] communiquée par *20 minutes*, un support gratuit (présent en Ile-de-France, à Lille, Lyon et Marseille, Toulouse, Bordeaux, Nantes et Strasbourg) aux annonceurs potentiels :

• ***Des chiffres***[2]

Le Titre :

– 1 998 000 lecteurs (15 ans et plus),

– 2e quotidien français,

– 1er quotidien d'information généraliste,

– 8 éditions : 870 000 exemplaires.

Les lecteurs :

– 1 266 000 lecteurs actifs,

– 977 000 lecteurs de 20 à 40 ans,

– 51 % des lecteurs sont des lectrices,

– 77 % des lecteurs ne lisent pas de titre de Presse Quotidienne Régionale,

– 76 % sont des lecteurs réguliers (lecture > 3 fois par semaine), 47 % des lecteurs assidus (lecture tous les jours).

1. *Etude Ipsos*, septembre 2003 et OJD.
2. Source : TNS Sofres-EPIQ juillet 2005/juin 2006 – LNM – 15 ans et +

• ***Optimisation du ciblage***

– Surdiffusion dans les écoles, les universités et les sites du réseau à forte densité de 15-40 ans/urbains actifs.

– Création de points de distribution : agence Apec et ANPE cadres, BDE, écoles.

En outre, ces publics sont plus facilement accessibles, disposant de temps pour lire pendant leur transport d'un espace à un autre. Enfin, par rapport à un média comme l'affichage, déjà utilisé dans les transports en commun ou encore à la radio qui touche également les « nomades », le journal gratuit permet de faire paraître des annonces de recrutement détaillées, mieux ciblées, donc plus efficaces. Aussi, les entreprises qui ont choisi ces nouveaux médias pour recruter une cible bien déterminée ont-elles non seulement obtenu des résultats mais, lorsqu'elles étaient les premières de leur secteur à le faire, ont gagné un avantage sur leurs concurrentes, s'assurant d'emblée une visibilité quasi exclusive sur ces supports. De là, on peut donc facilement déduire que les journaux gratuits représentent un bon support pour toucher une population urbaine, mobile, d'actifs, d'étudiants et de personnes souvent à la recherche d'un emploi. Sur cette base assez large il est possible, comme nous le verrons, d'opérer une segmentation plus fine, à travers l'annonce elle-même.

Nouveau : autre gratuit, le mensuel *Transfac l'Express*, tiré à 200 000 exemplaires, permet de toucher directement les futurs jeunes diplômés sur leurs lieux d'études.

Bien évidemment, les journaux gratuits ne représentent qu'un exemple de **canal de recrutement**, adapté dans certains cas et pour des profils particuliers, inadapté dans d'autres. Pour chacun des moyens disponibles, il convient de mettre en regard l'ensemble des données dont on dispose pour juger de la pertinence du choix en fonction des segments visés.

Carte à pub

Pour cibler les jeunes urbains actifs, la carte postale publicitaire est disponible gratuitement dans des lieux publics (cafés, restaurants, disquaires, facultés). Ce média de recrutement surprenant permet de créer une certaine connivence avec des candidats éventuels et de les inciter à une interaction en allant par exemple se connecter sur un site d'entreprise ou de répondre directement en complétant le support distribué afin de postuler ou d'obtenir des informations plus précises sur les postes proposés par un employeur. Il permet aussi d'affirmer son positionnement d'employeur en utilisant les codes spécifiques à la population visée.

Questions de choix

Dans le choix des canaux de recrutement, deux éléments doivent systématiquement entrer en ligne de compte.

– La première question évidente à se poser est : ce canal de recrutement correspond-il à la cible que j'ai déterminée ?
– La seconde : ce mode de recrutement est-il cohérent avec mon image-employeur ?

Concernant le premier point se pose la question du niveau de sélectivité souhaitable. Celui-ci varie en fonction du niveau de spécificité du profil recherché. En tout état de cause, mieux la cible aura été qualifiée en amont et les canaux de recrutement étudiés en aval, plus cette sélectivité pourra s'opérer. Il en va évidemment de l'efficacité du recrutement et donc de son coût. Coût direct lié à la communication bien sûr, mais surtout au traitement de centaines, voire de milliers de candidatures.

L'intérêt d'une bonne segmentation et d'un choix adapté des canaux de recrutement correspondant est de réduire quantitativement le nombre des candidatures et d'en augmenter qualitativement la pertinence et le traitement. C'est en tout cas l'objectif qui doit être poursuivi dans une logique qui vise, rappelons-le, **à personnaliser la relation** avec les candidats et ce, le plus en amont possible dans le processus de recrutement. Cette personnalisation n'est matériellement possible que si le nombre de candidatures à gérer est proportionné aux moyens de l'entreprise.

Quelques minutes pour convaincre…

S'inspirant de la mode des rencontres en sept minutes, proposée aux célibataires en mal d'amour et disposant de peu de temps pour leurs conquêtes, un groupe de chasseurs de têtes a imaginé transposer la formule au monde du recrutement en proposant à des candidats une rencontre en temps limité. Ceux-ci ont donc sept minutes pour se présenter à chacun d'entre eux et faire valoir leurs capacités dans leurs domaines professionnels.

La formule présente l'avantage de permettre aux candidats de rencontrer de nombreux chasseurs de têtes et à ceux-ci de juger des capacités des candidats dans une situation « extrême ».

Imaginons maintenant des entreprises soumises demain à cet exercice : convaincre des candidats de rejoindre leurs rangs, en un peu plus de cinq minutes. Si l'exercice reste réservé aux forts potentiels, ne mérite-t-il pas réflexion ?

Le choix du canal proprement dit a aussi une influence en termes d'image. Il doit être cohérent avec celle de l'entreprise, tant au plan interne que de ses publics externes. Si une chaîne de restauration rapide peut se permettre de recruter ses collaborateurs par voie d'annonces dans ses points de vente, on imagine plus difficilement une grande marque de luxe en faire de même. Autre canal concernant une population jeune, le cinéma peut ainsi constituer un média de choix, original, pour une entreprise qui pourra affiner son ciblage en fonction des programmations de films et des heures de projection.

Professionnels du bonheur

En février 2004, le Club Med a projeté un clip de 30 secondes dans les salles de cinéma ayant programmé le film *Les Rivières pourpres 2*. Son objectif était de toucher la cible des jeunes de 15 à 35 ans pour les inciter à décrocher leur téléphone ou se connecter sur le site du Club sur Internet, afin de poser leur candidature à l'un des 1 700 postes disponibles pour la saison d'été. Comme le précise à la journaliste du *Monde*[1] le responsable du recrutement des GO[2] du Club Med :

« L'exercice serait simple si nous cherchions des jeunes ayant le même profil. Or, il y a près de 90 métiers différents à pourvoir dans les villages, du professeur de golf au cuisinier, en passant par l'infirmière. Notre cible est donc très hétéroclite. »

En 2004, ce même Club Med a mis en ligne un site RH européen dédié au recrutement de ses futurs GO. Ce site donne des informations et des conseils sur les quelque quatre-vingt-dix métiers de l'entreprise et cela en six langues. Les personnes intéressées déposent leur candidature pour la destination de leur choix.

Quand une société de conseil international investit dans une campagne de recrutement télévisée, elle prend un risque calculé que ne pourrait pas se permettre de prendre, par exemple, une entreprise automobile. Non qu'elle en serait financièrement incapable, mais cela paraîtrait déplacé par rapport à la culture traditionnelle du secteur.

Une entreprise informatique a ainsi invité 2 500 élèves de grandes écoles d'ingénieurs à participer à un tournoi de football au parc des princes. Entre deux matchs avec des salariés de

1. 19 février 2004 « Le Club Med recrute ses “GO” au cinéma ».
2. Gentils Organisateurs.

l'entreprise, des entretiens d'embauche étaient organisés. Une marque de prêt-à-porter a organisé des soirées de recrutement dans des discothèques privées. Dès la fin des années 90, Michelin avait créé le « week-end Bibendum ». Comme le montrent ces exemples plus destinés à des jeunes diplômés, l'innovation, qui est souhaitable en l'espèce, doit être raisonnée, faire l'objet d'une réflexion préalable. Attention aux effets de mode et à l'adéquation avec le public recherché !

En tout état de cause, il ne suffit plus d'utiliser un seul canal pour bien recruter. Comme le déclarait déjà en septembre 2000 la responsable du recrutement de Syscom, à *L'Usine nouvelle* :

> *« Pour se démarquer dans un marché où l'on recherche tous les mêmes profils, il faut avoir une approche par plusieurs canaux. Des petites annonces pour travailler l'image, des contacts avec les écoles pour asseoir sa notoriété, des relations suivies avec un cabinet de recrutement pour les profils pointus et les grosses pointures, une pincée de cooptation pour élargir le spectre, un zeste de web pour construire un lien avec le candidat. »*

L'impact des nouvelles technologies

Les nouvelles technologies semblent ouvrir un champ infini au recrutement et ont, certes, déjà considérablement fait évoluer la donne. Mais un nouveau canal, fut-il interactif comme Internet, n'a d'intérêt que si son utilisation s'inscrit dans un plan marketing RH bien pensé. Les grandes entreprises qui ont été les premières dans les années 1990 à mettre en place des sites web institutionnels, avec la possibilité pour les candidats d'envoyer leur candidature en ligne, n'ont pas pour autant renoncé aux autres canaux. Un site web présente l'avantage pour les candidats de pouvoir mieux connaître l'entreprise dans la mesure où ils navigueront d'autant plus sur les nombreuses pages *on line*, si elles sont attractives et renouvelées et ainsi prendre connaissance des avantages de telle ou telle offre employeur. Mais pour postuler, encore faut-il pouvoir et vouloir accéder à ce site web. C'est pourquoi dans un premier temps, Internet est apparu comme un canal trop segmentant ne permettant de toucher que ses utilisateurs, à savoir une cible plutôt jeune, orientée nouvelles technologies, CSP +. Autrement dit, le choix du canal était surtout pertinent pour recruter de jeunes cadres ou des spécialistes dans les secteurs high-tech ou encore la communication.

Un atout d'Internet : lorsqu'il surfe sur Internet, le consommateur ne fait généralement rien d'autre. Du coup, le taux de mémorisation d'une campagne en ligne est bien plus élevé qu'en radio ou par affichage : 11 %, juste devant celui de la presse (10 %) et largement devant celui de la radio (5 %).

À noter : pour des entreprises qui souhaitent délivrer des messages de proximité à un marché de l'emploi local, il faut savoir qu'il existe, en plus des radios nationales, 1 000 radios régionales qui, bien sûr, proposent des prix de diffusion beaucoup plus accessibles.

Le développement de moteurs de recherche spécialisés, la prise en compte de ce mode de recrutement par des organismes institutionnels comme l'Apec puis l'ANPE – qui n'hésitent plus à faire campagne sur ce thème à la télévision –, la formation, à l'utilisation de ce support, des personnes à la recherche d'emploi ont considérablement fait évoluer les choses.

D'abord, et ce point est rarement souligné, la puissance d'Internet et des technologies associées permet à tout un chacun d'avoir une vision globale des offres existantes. Pour qui a vu des chômeurs longue durée – persuadés que ce que le type de mission qu'ils recherchaient n'existait pas – reprendre espoir en découvrant les résultats de la recherche qu'ils lançaient pour la première fois sur Internet, le raccourci est saisissant ! Cette vision globale relativise la notion de rareté des offres et permet aux candidats les plus avertis de mesurer les tendances dans certains secteurs. Internet contribue par là même à faire évoluer les relations entre offre et demande.

Ensuite, le mode de communication Internet implique une dynamique très différente des canaux traditionnels et nécessite un traitement adapté, comme nous le verrons, dans la gestion des candidatures. Là encore, il peut être contre-productif d'utiliser ce canal si on ne se donne pas les moyens d'en assurer le suivi.

Enfin, bien utilisé, Internet représente sans doute à terme un des modes de recrutement prometteur pour le marketing RH dans la mesure où, associé à des outils de bases de données adaptés, il permet d'identifier et de cibler très rapidement les candidats potentiels et de communiquer avec eux de façon interactive. D'ores et déjà, les entreprises permettent aux candidats de postuler directement sur leur site web en mettant le cas échéant à leur disposition différents types d'outils, du CV pré-formaté à des modes d'emploi pour réaliser leur lettre de motivation. Mais dans ce domaine, de nouvelles solutions voient le jour qui vont par exemple permettre aux entreprises équipées d'adresser directement des offres personnalisées à l'ensemble des internautes qui leur auront envoyé un jour leur candidature, pourvu que ceux-ci leur aient donné leur accord. De leurs côtés, ces internautes disposeront d'outils pour gérer leurs candidatures multiples, mettre à jour leur CV au fur et à mesure de leur vie professionnelle et adresser automatiquement ces mises à jour aux entreprises déjà contactées. Dans ce cas de figure, la révolution provient de ce que ces entreprises informeront directement le candidat des postes susceptibles de l'intéresser, en fonction de l'évolution de son expérience et tout au long de sa carrière professionnelle. Autrement dit, un contact initié à travers ce type d'outil pourra s'inscrire dans la durée.

Appeler un chat un « tchate »

Dernier salon virtuel où l'on cause, le *chat* est la technologie permettant de dialoguer en direct et en simultané, par écrit et par l'image, *via* Internet. De nombreuses entreprises ont déjà organisé des événements recrutement sous forme de *chat* sur leur site. Cet exercice, qui nécessite une préparation minutieuse, permet de dialoguer pendant un laps de temps donné avec les internautes qui se connectent pour poser des questions sur l'entreprise, postuler à des offres d'emploi. Cette méthode interactive permet de toucher en très peu de temps plusieurs centaines de candidats potentiels et de préparer le cas échéant de nouveaux rendez-vous plus réels. Elle permet d'instaurer un dialogue et un échange sur les thématiques choisies (métiers, domaines d'intervention…) avec des publics cibles, de mieux mesurer leurs interrogations et leurs attentes, d'être plus proche d'eux en leur permettant de parler avec des responsables de haut niveau.

Même si la population accédant, à domicile ou au bureau, à l'Internet continue à augmenter fortement, cet outil et son type d'accès classique n'en font qu'un mode de recrutement parmi d'autres.

Le recrutement dans la poche

Les nouvelles technologies permettent d'accéder à Internet à partir des téléphones portables et donc de consulter des messages et de les transférer, selon les critères de sélection proposés : type d'emploi recherché, zone géographique souhaitée… Si une offre correspond à la recherche du candidat, celui-ci peut, d'un simple clic, déclencher l'envoi de son CV au recruteur à partir de son site d'hébergement. Le must : disposer d'un système d'alerte qui prévient automatiquement l'abonné au service des offres correspondant à ses recherches.

Marketing fiction ? On pourrait imaginer que les prochaines années verraient peut-être se développer le dialogue en direct et en vidéo via le téléphone portable. Avec les applications de géomarketing, une personne, passant à proximité d'un magasin ou d'une entreprise, recevrait un message lui signalant que son profil est susceptible de l'intéresser. Le contact serait immédiat !

Nouvelles modes, nouveaux modes de recrutement

Le **SMS**, cette nouvelle technologie peut être utilisé dans un plan de recrutement ciblant par exemple des jeunes peu diplômés. À utiliser par exemple, pour créer du trafic sur un salon de l'emploi, convoquer à une journée collective de recrutement, inviter à une journée portes ouvertes, animer une opération de parrainage, offrir des stages… ou envoyer une offre d'emploi correspondant au profil qu'aura déclaré le candidat.

C'est ce que propose l'ANPE, Mobiljob, Keljob, Cadremploi, *L'Hôtellerie emploi*. Les candidats intéressés peuvent répondre immédiatement avec leur téléphone mobile en y joignant leur CV. Mobiljob, créé en 2005, a été le premier site internet mobile dédié à l'emploi. Les candidats accèdent à plus de 18 000 offres et postulent directement via leur portable. Ils peuvent également s'abonner en déposant leur CV afin d'être alertés par SMS des offres d'emplois liées à leurs compétences.

Le **télétexte**, qui permet de consulter des annonces par le biais de sa télévision et de postuler en ligne fait partie de ces canaux de recrutement à mettre en œuvre auprès de nombreux candidats potentiels, c'est-à-dire la plupart des possesseurs de télévision qui disposent de ce service, sans le savoir forcément. Grâce à sa télécommande, le téléspectateur peut consulter la liste des annonces disponibles, et sélectionner celles susceptibles de le concerner en utilisant ses critères de choix.

Très en vogue, le **podcast** est un service d'abonnement qui permet de recevoir régulièrement sur son ordinateur des fichiers MP3 transférables sur un baladeur numérique. Le terme « podcast » vient de la contraction de « iPod » et de « broadcast ». Les podcasts sont disponibles *via* les fils d'information RSS. Accor, en partenariat avec l'ONISEP (Office National d'Information sur les Enseignements et les Professions) a mis en place ce système de podcast sur le site accor.com qui permet aux internautes de télécharger des témoignages audios de collaborateurs de l'entreprise pour ainsi découvrir les diversités des métiers de l'hôtellerie et la restauration, obtenir des informations pratiques sur le secteur et postuler à des offres d'emploi. C'est la première fois en Europe que ce support était utilisé comme vecteur d'une « offre employeur ». Cette action innovante avait pour objectif de toucher, voire de séduire des candidats que d'autres médias n'arrivent pas forcément à atteindre. Cette action de marketing RH a été très commentée positivement dans la blogosphère.

La blogosphère, un univers en expansion

Le blog, néologisme qui vient de la synthèse de web et de log (journal sur la toile), est un « journal *on line* » individuel et collectif. L'ensemble des millions de blogs existant sur internet composent la blogosphère. Principe de fonctionnement : donner la possibilité à son auteur de s'exprimer tout en demandant l'avis des autres bloggers et « surtout » dire la vérité, toute la vérité. Les blogs diffusent des commentaires, des opinions, des photos sur la plupart des sujets, qui ne sont ni censurés, ni filtrés. Cette expansion de la blogosphère doit interpeller les entreprises quant à leur communication. Pourquoi ne pas créer un blog pour faire découvrir les métiers de l'entreprise à des bloggers qu'on ne toucherait pas *via* d'autres médias, voire leur proposer des offres d'emplois. En tout cas, lire leurs commentaires ou répondre à leurs questions.

C'est ce qu'a réalisé la Police Nationale. Sur son blog, on peut trouver des informations données directement par le service des ressources humaines mais également des anecdotes et des témoignages de fonctionnaires de police par le biais de liens qui conduisent automatiquement sur le blog de ces derniers.

D'autres entreprises ont également rapidement utilisé ce nouveau médium. En juin 2005, le réseau d'agences immobilières Century 21 ouvrait un blog éphémère pour repérer des candidats tentés de faire carrière dans le secteur. Animé par l'équipe des ressources humaines, ce blog donnait des informations sur la société, ses offres d'emplois et répondait aux questions (16 000 visiteurs pendant le mois de juin 2005).

Certaines entreprises, comme IBM, donnent explicitement à leurs salariés la possibilité de créer et faire vivre des blogs professionnels à l'interne pour lesquels il a été défini des règles d'utilisation et de fonctionnement.

Dernier exemple de blog d'entreprise, celui de Guillaume Pepy, numéro 2 de la SNCF. Ce nouveau mode de communication interne, lancée en 2005, est désormais consulté chaque jour par près de 2 000 visiteurs.

En vérité, c'est la **combinaison de canaux et d'outils** et leur utilisation simultanée ou séquentielle qui va permettre d'optimiser les opérations de recrutement sur un segment déterminé.

Cette combinaison existait déjà dans une moindre mesure. Quand, dans une annonce de presse, il était demandé aux candidats d'envoyer une lettre manuscrite à telle adresse, on excluait le média téléphonique et Internet. L'approche était volontairement restrictive. Elle le restera dans certains cas. Mais de plus en plus, les entreprises qui recrutent donnent le choix aux candidats entre différents canaux car elles ont compris qu'elles élargissent ainsi leur spectre. De plus, l'utilisation par un candidat d'un canal plutôt qu'un autre est déjà un élément de différenciation pour une sélection ultérieure. Si les agences de télémarketing recrutent généralement par téléphone, c'est que cela leur permet d'opérer une sélection parmi les candidats qui se présentent, avant un entretien éventuel en tête-à-tête.

Dans le **mix médias de recrutement**, le téléphone occupe une place de plus en plus importante, quel que soit le secteur d'activité. Couplé avec une annonce presse, une campagne d'affichage, de la publicité à la télévision ou à la radio, il présente l'avantage de toucher rapidement une masse importante d'individus, de mesurer immédiatement la pertinence et l'efficacité d'une campagne, d'apporter des éléments de réponse personnalisés aux candidats potentiels et, le cas échéant, d'effectuer une première sélection des candidatures ou de mieux les orienter. Le **télémarketing** est sans doute aujourd'hui une composante du marketing RH dans la mesure où les techniques d'utilisation du média sont maintenant bien maîtrisées. Utilisé principalement en réception d'appels, de la part de candidats, il va être de plus en plus utilisé en émission pour chasser des profils. C'est déjà le cas mais de façon artisanale, donc coûteuse, pour des postes de direction. On peut imaginer demain que de jeunes diplômés, pourvu que leur accord de principe ait été obtenu, se voient proposer des entretiens pour des emplois pouvant leur correspondre. Mais là encore, le recruteur devra disposer d'une bonne base de données, réaliser des argumentaires adaptés et former ses télé-conseillers à cet exercice de séduction par téléphone, pour ne pas galvauder ce moyen de conquête. Et ne pas oublier que les canaux et leur combinaison sont choisis systématiquement en fonction de la cible précise que l'on vise et de la sélection que l'on souhaite opérer.

Chacun son but !

Une société d'intérim de la région de Lens, sponsor de l'équipe du Racing Club, a organisé en 2004 une opération de recrutement originale au stade, en incitant les supporters à y déposer leur curriculum vitae et les sociétés leurs offres d'emploi. La société d'intérim les a alors mis en contact. Cette idée, destinée à renforcer la notoriété de cette société d'intérim face à ses concurrents, a débouché sur plus de cent embauches. L'entreprise a renouvelé cette expérience – peu coûteuse – à Angers, dans un milieu du rugby cette fois.

Cet exemple permet surtout de souligner que les qualités de créativité et d'innovation doivent faire désormais partie de la panoplie du responsable des ressources humaines.

Réussir une bonne annonce

Gare aux « effets d'annonce » !

Qu'elle soit insérée dans un journal, destinée à l'affichage ou mise en ligne sur Internet, une annonce de recrutement doit répondre, elle aussi, à des critères marketing bien précis. Mais avant toute chose, elle doit correspondre à une offre réelle. Aussi étonnant que cela puisse paraître, des entreprises mais également encore certains cabinets de recrutement ont en effet publié des offres, notamment sur Internet, à seule fin d'enrichir leur **CVthèque** et de se faire de la publicité à moindre frais. Ces pratiques choquantes n'ont pas servi ceux qui les ont imaginées – surtout lorsque des journaux ont dénoncé quelques coupables – mais ont surtout contribué à démotiver des personnes à la recherche d'un emploi.

Il est donc important d'insister en préambule sur **l'éthique** qui doit aujourd'hui guider les employeurs dans leur recherche de candidats. Ils doivent exiger cette même éthique de la part de l'ensemble des partenaires qui les aident à recruter : cabinets, agences d'intérim, agences de communication. Ainsi, un moteur de recherche anglo-saxon fait signer à ses clients un contrat stipulant que leurs offres correspondent à des postes effectifs. On peut imaginer que des entreprises soucieuses de leur **image-employeur** se regroupent, à terme, pour créer un label qui garantirait la qualité de leurs offres et plus encore une forme de normalisation dans leur processus de recrutement – qui ne signifie pas uniformisation ! La démarche marketing RH en elle-même représente déjà une garantie contre ce genre d'erreur à laquelle conduit une trop grande improvisation. En effet, à partir du moment où la publication d'une annonce s'inscrit dans un processus tel que nous l'avons décrit, elle correspond à un besoin identifié et défini que l'on va exprimer en direction d'une cible déterminée. Combien d'entreprises font-elles encore paraître une offre d'emploi sans avoir bien cerné les contours de la mission proposée ou en ne sachant pas à qui elles doivent l'adresser ? Résultat : le recrutement finit par être suspendu, voire annulé car l'entreprise se rend compte en cours de route que les candidats qui se présentent ne correspondent pas à leur besoin, un besoin qu'elles n'ont pas su exprimer, en fait. CQFD. Ce manque de rigueur dans la démarche a des conséquences dommageables, non seulement en termes de coût mais aussi d'image. Et c'est une perte nette de candidats futurs qui réfléchiront à deux fois avant de se « laisser prendre ».

En finir avec le flou artistique

En parcourant certaines pages d'annonces classées, comment ne pas être frappé par la faiblesse, voire la pauvreté, les effets repoussoirs de certains argumentaires ou le flou artistique qui règne sur la description de fonction. Téléprescripteur, téléprospecteur, télévendeur, téléconsultant, téléacteur, enquêteur... autant d'appellations non contrôlées pour désigner un métier qui est aujourd'hui malheureusement dévalorisé, notamment parce que les entreprises du secteur ne se sont pas donné les moyens d'en faire une véritable profession. N'avait-on pas observé le même phénomène quand il s'agissait autrefois de recruter des vendeurs en porte à porte ? Quand la fonction est ainsi mal perçue, ne faut-il pas dans l'annonce jouer sur un autre registre ? Plutôt que d'« enfoncer le clou » en exigeant une expérience de la vente, proposer un système de rémunération qui intéressera les meilleurs et les plus motivés qui ont envie de s'investir ? Ou encore proposer une véritable formation et l'écrire !

Un acte de communication majeur

Publier une annonce n'est pas neutre, ni gratuit… C'est un acte de communication qui implique l'image et donc la crédibilité de l'entreprise et de son management. N'oublions pas qu'elle est lue par le public externe mais aussi par l'ensemble de ses collaborateurs. Elle doit donc déjà être parfaitement cohérente avec les messages véhiculés en interne. La démarche marketing RH, nous l'avons vu, veille à cette cohérence dès l'amont.

> *« Gardons en tête qu'une campagne ne doit jamais être gratuite. Humour et provocation peuvent être au rendez-vous mais pour être créatif, un bon concept de communication RH doit d'abord s'appuyer sur du vrai. Il doit révéler de manière sincère la personnalité de l'entreprise », déclare au Figaro Jean-Charles Davin de l'agence TBWA Corporate*[1].

L'annonce, dans sa construction, va reprendre les différents éléments qui auront été définis, aussi bien dans la forme (logo, identité visuelle, charte graphique RH…) que dans le contenu (valeurs de la marque, positionnement, signature…). Cet environnement pourra être décliné en fonction des publics visés mais toujours en conservant les attributs fondamentaux qui donneront toute sa force à la campagne. Une campagne qui devra surgir, sauter aux yeux de celles et ceux qui parcourent les pages d'annonces à la recherche de la mission qui leur convient. Ce travail est généralement réalisé en collaboration étroite avec la direction de la communication, dans les grandes entreprises, ou l'agence de communication en ressources humaines si l'annonceur décide d'y faire appel et enfin en dernier lieu avec le responsable du support quel qu'il soit.

1. Interview par Marie Peronneau du 9 septembre 2002 : « Ici on vend du poisson frais ».

La ligne claire

Qu'est-ce qu'une bonne annonce ? C'est d'abord une annonce qui parle au public visé, qui va être remarquée par celles et ceux à qui elle s'adresse. Combien de fois se dit-on, en lisant une annonce : « cela n'est pas pour moi ! » ? Alors que présentée ou rédigée différemment, on y aurait répondu. Il est donc essentiel de se mettre à la place de la personne qui va lire l'annonce et de la mettre en scène pour juger de son impact, visuel d'abord, textuel ensuite. Sans doute n'existe-t-il pas de recette miracle en la matière, et tout est relatif puisque par définition, la communication évolue : un code qui est valable aujourd'hui perdra demain de son efficacité, ce qui vaut pour une entreprise n'a aucun sens pour une autre. Mais il convient d'éviter les écueils.

Les clichés et leurs limites

Le premier est l'écueil publicitaire : ne pas confondre une annonce de recrutement avec la promotion d'une lessive. Votre entreprise ne lave pas plus blanc et si son ambition est de changer la vie de ses salariés, elle ne le proclame pas mais le fait à travers des actions concrètes. La promesse doit donc être en relation avec les préoccupations de la cible et non être un slogan vide de sens sinon pour ceux qui se sont fait plaisir en le concevant. Quand une annonce met en scène des candidats supposés, il convient, là aussi, d'être réaliste : toutes les assistantes de directions ne sont pas des top models et les jeunes cadres des figures de mode en costume cravate qui sautent d'enthousiasme comme les supporters d'une équipe gagnante à l'idée d'entrer chez vous.

Depuis plusieurs années, des entreprises mettent en scène dans leurs annonces de recrutement leurs propres collaborateurs.

> Sur son site web, Darty met en situation des salariés de l'enseigne sous forme de six vidéos à visionner en ligne : portrait de deux directeurs de magasin, d'un chef de produit, d'un contrôleur de gestion, ou encore journée type d'un technicien après-vente.
>
> « Nous avons voulu mettre en avant cette diversité, en tirant partie des possibilités multimédia offertes par Internet » affirme dans *Courrier Cadres*[1] le directeur de la communication.

Des banques ont également recouru à cette technique qui présente aussi l'avantage de valoriser les équipes internes. Là encore, il s'agit de faire preuve de mesure et de prudence. Ainsi, une société de service informatique a publié en 2000 des photos de ses collaborateurs réalisées par le prestigieux studio Harcourt qui a signé en réalisant leur portrait toutes les vedettes du show business depuis des lustres. N'était-ce pas, en l'occurrence un peu trop, *too much* comme disent les Anglo-Saxons ?

Un autre grand classique : mettre en scène des sports. Le rafting a eu son heure de gloire pour le goût du défi et le travail d'équipe, le monde nautique évoque les grands espaces, l'autonomie et l'esprit d'aventure, la montagne est réservée aux forts potentiels qui cherchent à atteindre les sommets. Le registre visuel choisi doit correspondre à la culture de l'entreprise mais surtout aux références possibles, imaginaires ou non, des futurs collaborateurs.

La vraie description de poste

Le second écueil concerne la rédaction de l'annonce proprement dite. Il fut un temps, mais on en trouve encore des exemples fréquents, où l'entreprise confondait annonce de

1. « Darty recrute en vidéo », 3 avril 2003.

recrutement et body-building. Elle était la plus grande, la plus belle, toujours leader, sans doute implantée dans un lieu de rêve… Quant au poste à pourvoir, il tenait en un intitulé standard ou plus ou moins évocateur (typiquement « chargé de mission »), sans descriptif et nécessitait des qualités telles que courage, ténacité, sens de la communication, capacité à intégrer une équipe. La rémunération ? Forcément motivante ! Bref, ce type d'annonces révélait une méconnaissance des attentes des candidats potentiels, faisant passer un message plutôt dissuasif : « si vous voulez ce poste, il va vraiment falloir vous battre et de toute façon on ne vous attend pas.

Et puis, effet de balancier ? il y a eu la période « votre talent m'intéresse ». L'entreprise se faisait fort de révéler le talent de ses futurs collaborateurs, qualité vague et suffisamment multiforme pour être enfouie au fond de chacun et ne demander qu'à s'exprimer. Jamais les candidats n'avaient eu autant de talents. Mais toutes ces entreprises étaient-elles alors en mesure de les valoriser ? Là encore, nombreuses furent les déceptions, bien que la démarche en elle-même fût plus séduisante que la précédente.

Questions de distinction

Ne pas promettre plus que ce que l'on peut tenir est sans doute la règle de base dans la rédaction d'une annonce. Une autre est de se démarquer des effets de mode qui banalisent les campagnes et donc leur impact. Si le talent recherché est partout, il n'est plus nulle part. Si personne ne parle de rémunération, c'est le moment d'en parler. Si les concurrents jouent l'effet de taille, il faut mettre en avant la qualité des relations dans une structure de taille plus modeste.

En tout état de cause, l'annonce doit être rédigée de façon à attirer les individus dont on aura défini le profil le plus précisément possible en fonction de l'analyse préalable et sans trop d'*a priori*. Faut-il jouer sur le niveau de formation, les diplômes ou la capacité à apprendre, l'expérience ? Là aussi, on ne s'adressera pas aux étudiants de la même façon qu'à des juniors, à des débutants comme à des candidats confirmés. L'étudiant sera intéressé par la flexibilité des horaires, l'organisation du travail, la possibilité de faire reconnaître son job comme stage ou formation. Un débutant recherchera une bonne ambiance de travail, voudra être reconnu pour ce qu'il est, sa façon d'être et de se comporter, plutôt que sur ses compétences, encore théoriques. Un candidat expérimenté sera davantage sensible aux avantages sociaux, à l'évolution de sa carrière.

Qu'est-ce qu'une bonne annonce ?

C'est une annonce dans un média adapté qui rapporte un grand nombre de CV qualifiés.

Et comme l'annonce est en général insérée dans un espace qui comportera de nombreuses autres annonces de recrutement, elle doit se différencier tant dans le fond que dans sa forme, grâce à un argumentaire « marketé » sur chacun des aspects suivants : intégration, rémunération, avantages sociaux, formation, ambiance et organisation du travail, évolution professionnelle…

- Dans tous les cas, mettez en avant les atouts spécifiques de l'entreprise par rapport à ses concurrents !
- Portez un regard critique sur votre annonce une fois insérée dans un journal, par exemple, parmi un ensemble de concurrents et l'observer *in situ*, ce qui vous montrera jusqu'à l'incidence de la qualité du papier sur lequel elle est imprimée.

Gérer les candidatures

Recruter autrement

La façon de gérer les candidatures va être un élément de plus en plus déterminant dans la réussite d'une stratégie d'*employer appeal* fondée, rappelons-le, sur la capacité d'une entreprise d'attirer et de conquérir des candidats dont elle a besoin. Avant d'aborder la question du traitement administratif des candidatures, c'est-à-dire leur suivi, il convient de s'interroger sur les modes de sélection envisagés, non plus en termes de choix de modes ou de canaux de recrutement, comme nous venons de le faire, mais d'outils et de méthodes de recrutement des candidats. Car là aussi, l'innovation paie ! Ainsi, pour faire face à la pénurie déjà réelle dans leurs secteurs d'activité, des entreprises font appel à la méthode du recrutement par habileté, développée depuis plusieurs années par l'ANPE. Le principe ? Des annonces, très complètes, informent le public sur la tâche à accomplir, les conditions de travail, le salaire et surtout les qualités requises. Ces annonces sont diffusées dans les ANPE mais aussi dans la presse et sur les ondes des radios publiques locales. Les candidats ont ensuite à passer des exercices qui vont permettre de déterminer leur habilitation à, selon les cas, progresser, établir une relation humaine, manager et commander, communiquer, travailler en équipe, prendre des initiatives et être autonomes, s'adapter, travailler sous tension, mener une réflexion stratégique, être créatif… Les habiletés nécessaires sont définies avec les entreprises pour chaque mission proposée et les exercices sont ensuite validés par elles. Dans des métiers comme le transport routier, l'hôtellerie, la restauration, la distribution, l'automobile, l'aide aux personnes, mais aussi la menuiserie ou la microélectronique, cette méthode préfigure ce qui pourrait être étendu à des secteurs où l'on continue d'appliquer les modes de sélections fondés avant tout sur les diplômes, les compétences théoriques et techniques, le niveau de spécialisation. La méthode par habileté repose avant tout sur la motivation des personnes à travailler dans un secteur d'activité et leur capacité à intégrer les connaissances techniques indispensables à la prise de poste. Cela signifie aussi que les personnes qui se présentent doivent être prises en charge par des tuteurs qui vont savoir leur vendre les métiers qu'ils auront à exercer, dont certains sont mal connus et d'autres mal perçus. Cette méthode a ainsi permis de détecter une habileté (et une motivation) manuelle chez des personnes ayant jusqu'alors exercé des tâches administratives. Utilisée par des entreprises ayant besoin d'embaucher des équipes assez nombreuses sur des bassins d'emploi où les compétences recherchées sont rares, la méthode par simulation peut être mutualisée entre plusieurs petites entreprises, qui élargissent ainsi considérablement leur champ de recherche.

Seconde chance

En France, si le nombre important de 150 000 jeunes qui sortent chaque année sans qualification est confirmé, gageons qu'un grand nombre d'entre eux présente, à défaut d'un diplôme, un certain potentiel. Tutorés par des seniors, soucieux de transmettre leur expérience, ils seront très motivés en se voyant présenter cette seconde chance.

Face à ce nombre croissant de jeunes et de jeunes adultes qui sortent du système scolaire sans aucune qualification, une opération baptisée « 100 chances emplois », a été initiée localement en janvier 2006 par la Direction Départementale du Travail et de l'Emploi et de la Formation Professionnelle, et a été pilotée conjointement par celle-ci et la ville de Grenoble. Objectif : faciliter l'emploi durable de 100 jeunes grâce à des parcours personnalisés de qualification avec le concours de 30 entreprises engagées sur ce projet.

Refuser la facilité pour éviter des difficultés

Là encore, une gestion des candidatures trop restrictive risque demain de faire passer des entreprises à côté de potentiels correspondant à leurs besoins. Il faut se donner les moyens de sortir des cadres habituels pour attirer et repérer des profils atypiques. Souvent les candidatures sont gérées de façon à limiter les risques, ce qui a souvent conduit les entreprises à recruter des profils normalisés. Cela, d'ailleurs, n'a pas été sans leur poser des problèmes d'adaptation au marché quand il leur a fallu préparer leurs recrues au changement. Les profils normés sont, nous l'avons vu, de plus en plus rares sur le marché de l'emploi ; continuer à gérer des candidatures selon les méthodes traditionnelles est donc de moins en moins pertinent. Certaines pratiques, que l'on croyait révolues, continuent même d'être utilisées, sans égard ni respect pour les candidats. Par exemple, l'une consiste à réunir ceux-ci autour d'une table et à les mettre directement en concurrence : que le meilleur gagne ! D'autres sont maintenant considérées par certaines entreprises comme contraires à l'éthique, comme le fait de soumettre les lettres de motivation des candidats à des graphologues. Cette méthode, peu ou pas usitée dans d'autres pays, ne brille pas par sa transparence et confine parfois à l'arbitraire.

Recruter, c'est prévoir

Ce manque de rigueur se retrouve encore trop souvent dans la gestion administrative des candidatures et contribue directement à dévaloriser l'image-employeur que l'entreprise s'est efforcée de se forger à travers sa campagne de communication. Pourtant, là aussi, les solutions sont relativement simples à mettre en œuvre. Dans le cadre d'une démarche marketing RH, il s'agit surtout de les prévoir.

Faut-il le rappeler, prévoir d'accuser réception des candidatures, par courrier, e-mail ou (pourquoi pas ?) téléphone, informer le candidat du processus qui sera suivi, respecter le timing ou en expliquer les retards, le tenir au courant de la suite donnée à sa candidature, à ses entretiens éventuels, lui expliquer le cas échéant les raisons qui ont poussé l'entreprise à recruter un autre candidat, autrement que par une formule passe-partout ? C'est aussi une façon pour l'entreprise de remercier le candidat pour sa démarche en l'aidant à progresser dans sa recherche d'emploi.

Les responsables d'entreprises ont souvent tendance à sous-estimer l'importance que revêt pour les individus l'envoi d'une candidature. Comment interpréter une absence de réponse autrement que comme un signe de mépris ? En revanche, lorsqu'une réponse personnalisée, même négative, est adressée au candidat, pourvu qu'elle ne soit pas standard, celui-ci se sent respecté et conserve une bonne image de l'entreprise à laquelle il s'est adressé. Et il le fait savoir. Et plus tard (qui sait ?) il réitérera sa démarche, parce que l'entreprise en question ne lui aura pas fermé sa porte, ou il en deviendra tout simplement client…

Prendre contact

La première impression

Le moment de la rencontre est toujours décisif. Là encore, quel que soit le profil des candidats, le type de missions auxquelles ils postulent, la prise de contact doit être préparée et quasiment normée. Faire attendre un candidat, lui demander d'emblée pourquoi il a été convoqué, ne pas connaître son dossier et le découvrir pendant l'entretien sont autant de contre-performances de la part d'un employeur. Et pourtant, ces exemples ne sont pas pris au hasard. Oublions la méthode qui consiste, à l'instar de celle employée par certains agents immobiliers pour la location d'appartements, à convoquer les candidats en même temps !

Utilisons la méthode classique du rendez-vous individuel. Première surprise : le candidat ne vient pas au rendez-vous. Faut-il mettre cette défection sur le compte de l'insouciance des jeunes générations ? Sans doute. Mais si ce genre d'incidents se multiplie, ne faut-il pas aussi réexaminer sa procédure de convocation des candidats ? Pourquoi ne pas imaginer le rappel du rendez-vous par SMS, lettre personnalisée, coup de fil ou envoi d'un e-mail de confirmation la veille de l'entretien, rien n'est à négliger à partir du moment où l'entreprise a l'opportunité de recruter.

Gardons à l'esprit que nous nous retrouvons dans un contexte inverse de celui que les entreprises ont connu à la fin du XXe siècle. Sans bien sûr tomber dans une forme de démagogie consistant à venir rechercher des candidats insuffisamment motivés, les entreprises ne doivent-elles pas se faire à l'idée qu'il va leur falloir faire des efforts pour retenir ceux qui ont été jusqu'à s'adresser à elle, dans un contexte concurrentiel sur le marché de l'emploi qui n'aura plus rien à voir avec celui du début du nouveau millénaire ?

La prise de contact, quelle que soit la suite donnée à la candidature, est un moment clé de la relation qui va en partie déterminer son évolution. Le candidat qui se rend à un entretien a tous les sens en éveil. Chaque détail compte. Le sourire de la réceptionniste, le fait même qu'elle sache que le candidat est attendu, le café qu'on lui propose, l'accueil de l'assistante qui va le cas échéant venir le chercher, mais aussi les discours qu'il entend autour de lui… Combien de fois, assis dans une salle d'attente, surprend-on des conversations qui permettent déjà de se faire une idée, vraie ou fausse, de l'entreprise dans laquelle on se trouve ?

La transparence, tout simplement

Il s'agit aussi de baliser le terrain, autrement dit d'expliquer au candidat ce qu'on va lui faire faire et pourquoi, qui il va rencontrer, dans quel ordre et dans quel délai. Ainsi les tests, réalisés par des personnes habilités, doivent être décryptés au moins après coup, de façon à ce que le candidat sache à quoi s'en tenir. Si l'entretien est prévu avec une personne, une seconde ne doit pas arriver au dernier moment. Dans certains cas, pour des postes à haut potentiel, le candidat va se retrouver face à un véritable jury. On ne peut lui imposer cette épreuve sans poser suffisamment à l'avance les règles du jeu, de façon à ce qu'il puisse se préparer.

Pourquoi toutes ces précautions ? D'abord parce qu'elles révèlent une forme élémentaire de respect, ensuite parce que, quelle que soit l'issue, le candidat fera largement savoir autour de lui comment il a ressenti cette prise de contact et alimentera une rumeur, positive ou négative selon les cas.

À l'issue de la phase d'entretiens, si le candidat n'est pas retenu, il faut le lui faire savoir dès que la décision est prise et lui expliquer en quelques mots pourquoi, soit par téléphone, soit par courrier en lui restituant les documents qu'il a fournis ou en lui demandant l'autorisation expresse de les conserver. S'il est retenu, il faut évidemment faire en sorte que l'engagement soit formalisé avant la date d'embauche et selon les modalités définies lors des entretiens. Appeler un candidat pour lui dire en substance, « OK, c'est bon, vous faites l'affaire et vous commencez demain, nous signerons le contrat plus tard » sent bon le film américain où le mécanicien sortant de prison est embauché parce qu'il répare du premier coup une panne de carburateur, mais ne correspond pas aux mœurs du vieux continent. Cette formalisation est d'autant plus nécessaire que l'on s'adresse à une cible peu habituée à structurer ses engagements et que l'aspect contractuel rassure. La formalisation est l'expression de la conquête mais aussi le premier acte de la fidélisation que nous examinerons plus loin.

Accueillir : retour aux basiques !

Visite guidée

Comme le faisait remarquer *Les Enjeux, les Échos* de septembre 2003[1], il existe des « carences en matière d'intégration des nouveaux salariés. Parfois recrutés au prix d'immenses efforts, ces derniers sont souvent livrés à eux-mêmes une fois franchi le seuil de leur nouvel employeur ». Sous prétexte d'économies, **les phases d'intégration** ont été singulièrement raccourcies jusqu'à être supprimées dans certaines entreprises, notamment dans les start-up où la convivialité supposée tenait lieu de mode de management. La désintégration des structures n'en fut que plus brutale.

On n'emploiera pas les mêmes moyens pour accueillir une nouvelle recrue dans un groupe international que dans une PME, mais l'idée directrice reste la même : il s'agit de **faire connaissance**. Et faire connaissance nécessite un peu de temps. La moindre des choses, quand le nouvel embauché arrive dans l'entreprise, est de lui faire faire le tour du service auquel il est rattaché, de lui présenter d'abord ses collègues les plus proches, de lui faire visiter les locaux et de lui attribuer un bureau s'il est sédentaire, de lui fournir ses outils de travail et son équipement.

☞ **Clin d'œil**

Pour réussir l'accueil d'un nouveau collaborateur : le recevoir comme s'il était le filleul du directeur général !

1. « De l'art d'intégrer les nouvelles recrues ».

Le livret d'accueil

Combien d'entreprises remettent un livret d'accueil ? Pourtant, là encore, ce livret est un outil de marketing RH à ne pas négliger comme c'est trop souvent le cas. Il donne le « LA » de l'entreprise et fera que le nouvel arrivant prendra plus vite ses repères, se familiarisera avec son environnement, connaîtra les règles écrites, découvrira des procédures de base. C'est donc à la fois un outil d'efficacité, d'intégration, d'information et de reconnaissance qui ne nécessite pas une logistique complexe. Ce livret ne dispense pas d'une explication orale, bien au contraire, mais il contient des renseignements auxquels dans un premier temps au moins le nouvel arrivant se référera pour s'orienter et trouvera des éléments sur les avantages proposés qui le conforteront dans sa conviction d'avoir fait le bon choix d'entreprise. Indispensable, ce livret d'accueil n'est pas suffisant : il ne constitue qu'un élément, un repère, de la phase d'intégration.

Une enquête réalisée en 2006 à la demande de l'Association Jeunesse et Entreprises révèle que les jeunes, qu'ils soient en recherche d'emploi ou actifs depuis peu, soulignent l'importance pour eux d'un bon accueil lors de leur première prise de fonction, avec présentation générale, stage d'intégration et parrainage.

Convivialité au menu et à la carte

Pourquoi la plupart des entreprises n'organisent-elles que des « pots de départ » ? L'accueil, cela peut être aussi l'organisation d'un « pot d'accueil », notamment dans les petites structures, au cours duquel le chef d'entreprise viendra souhaiter la bienvenue aux nouveaux embauchés, en profitant aussi pour communiquer certaines informations à l'ensemble de ses collaborateurs réunis pour l'occasion. Dans les structures plus importantes, voire dans certains grands groupes, l'intervention du président viendra clôturer une ou des journées d'intégration. L'impact d'une telle rencontre sur ces jeunes est immense et durable. Loin d'être une perte de temps, l'accueil devient un véritable investissement : c'est une évidence que trop de managers oublient.

Intégration : la preuve par six

Chez l'entreprise allemande Siemens, les nouveaux embauchés font un premier point, qui doit rester marquant, avec leur management après seulement 6 heures d'« ancienneté ». Six jours après, un nouvel entretien a lieu pour identifier d'éventuels problèmes. Six semaines plus tard, nouveau rendez-vous avec l'encadrement et le « parrain » du collaborateur. Enfin, après six mois, le salarié, le manager et le DRH décident ou non de continuer leur collaboration. [1]

Les **journées d'intégration** peuvent prendre les formes les plus diverses. Réunissant un groupe de nouveaux embauchés qui, selon la taille des entreprises, pourra compter entre quelques collaborateurs et une cinquantaine, elles sont d'abord l'occasion de présenter aux nouveaux entrants l'ensemble des métiers de l'entreprise dont le plus souvent ils n'ont qu'une vue partielle, d'en rencontrer les managers, notamment au cours des visites de sites organisées. Le cas échéant, des jeux de rôles et des quiz viendront ponctuer ces journées pour partager de façon ludique des connaissances indispensables sur l'entreprise, factuelles ou comportementales. L'objectif n'est pas de normer les attitudes mais là encore de fournir aux nouveaux des clés pour progresser

1. « 50 idées qui vont changer l'entreprise », *Management,* mars 2004.

dans leur nouvel univers professionnel. Dans une société à forte dimension technico-commerciale par exemple, les commerciaux seront mis dans des situations de relation avec les clients, qu'ils devront ensuite traduire en demande faite aux services techniques internes, puis les rôles seront permutés. À chaque fois l'animateur invitera le groupe à analyser les comportements observés, les mots utilisés pour en tirer des enseignements utiles. Élémentaire ? Oui, mais combien d'entreprises prévoient un cursus d'intégration adapté à chaque typologie de collaborateurs ? Trop souvent, ceux-ci sont directement affectés à leur mission, parfois loin du siège de l'entreprise chez un client, sans qu'on leur ait donné le temps d'en découvrir la diversité des hommes et des pratiques. Résultat : ils ressortiront comme ils sont entrés. Sans état d'âme.

N'oublions pas que bien intégrer un collaborateur c'est déjà commencer à le fidéliser.

Ce n'est qu'un au revoir

De même qu'il est important de soigner l'accueil, de même le départ d'un collaborateur quel qu'il soit et, sauf exception, quelle qu'en soit la raison, doit faire l'objet d'une démarche spécifique, par-delà le rituel du « pot de départ ». Trop souvent, les raisons profondes pour lesquelles un salarié quitte son entreprise restent méconnues ou en tout cas insuffisamment analysées par celle-ci. Seuls celles et ceux que l'on cherche à tout prix à retenir ont droit à un entretien où leur manager va chercher à les persuader de rester, alors qu'il est d'ailleurs souvent trop tard. Et en général ces rattrapages de dernière minute ne présagent rien de très bon pour l'avenir de la relation, car un ressort de celle-ci est brisé, dans la mesure même où l'entreprise n'a « rien vu venir » ou pire, les indicateurs étant à l'orange, n'a pas réagi.

Il vaut mieux prévenir les départs (nous verrons comment dans la seconde partie de cet ouvrage) que les guérir. Néanmoins, quand ils surviennent, il faut chercher à en analyser les causes pour en tirer des enseignements et aussi, pourquoi pas, disposer d'éléments propres à reconquérir le collaborateur en question plus tard, lorsque des conditions favorables seront réunies. Les cas de retours sont d'ailleurs plus fréquents qu'on ne le croit. Encore convient-il là d'être vigilant sur la façon dont l'entreprise va traiter ces retours. En effet, il arrive que des collaborateurs, partis alors qu'ils dépendaient de tel manager, reviennent dans l'entreprise dans une position supérieure à ce manager qui pourra alors, selon les cas, en déduire qu'il n'est pas à la hauteur ou que la fidélité, décidément, ne paie pas !

Un **entretien de départ** est donc important, avec soit le manager direct, soit un responsable des ressources humaines, pour mieux comprendre ce qui a motivé la décision de partir du collaborateur et ce, quel que soit son statut, sa position. Souvent avancée comme explication, la proposition d'une meilleure rémunération par un concurrent est en général insuffisante et très rarement la seule. L'idéal est de pouvoir, à l'occasion de l'entretien, hiérarchiser les éléments qui ont conduit le collaborateur à faire ce choix, à prendre sa décision. Ce sont autant d'éléments d'informations, recueillis à un moment où les enjeux ne sont plus de même nature et donc *a priori* plus objectifs, qui vont pouvoir être utilisés, directement par le manager s'il voit que son mode de management est en cause et par l'entreprise pour éventuellement améliorer son marketing RH.

Livret d'accueil chez Elior

Société de restauration de dimension européenne, Elior remet à chacun de ses nouveaux collaborateurs une plaquette à la fois très attrayante et très détaillée pour lui souhaiter la bienvenue dans le groupe. Ce document comprend une présentation d'Elior, avec les métiers et la vocation du groupe, le métier de la restauration collective, la restauration de concession, la qualité et la sécurité alimentaires, la philosophie d'Elior, sa stratégie, la communication interne. C'est un document très détaillé et richement illustré. Un second document, tout aussi bien présenté, remis dans la même chemise, concerne plus particulièrement la division du groupe que le salarié va rejoindre. On y détaille les implantations des filiales, les marques concernées par l'activité, la politique de ressources humaines, des détails très concrets sur la rémunération, la feuille de paie et le contrat de travail, les congés et enfin les exigences particulières liées aux métiers (accueil, hygiène, sécurité...). Ce document peut être personnalisé par chaque salarié, pour devenir un outil utilisé quotidiennement et donc consulté régulièrement.

Autre exemple réussi chez Accentiv', conseil en marketing relationnel.

Simple et réalisé à l'interne, le livret d'accueil n'en est pas moins efficace. Il donne bien sûr aux salariés des éléments sur l'entreprise mais surtout, et précisément des informations de vie pratique, la liste des avantages et tous les contacts pour se repérer dans leur travail de tous les jours.

Savoir intégrer

Très structurée, personnalisée et étalée sur plusieurs rendez-vous, une intégration réussie constitue la première étape de l'implication et de la fidélisation du nouveau collaborateur.

Savoir accueillir, un acte de management

– Le lieu, l'équipement et le matériel sont autant d'éléments valorisants.
– La relation doit être individualisée.

– Il importe de procéder à une visite du site, de présenter la personne aux équipes.
– Un pot d'accueil informel humanise une arrivée toujours déstabilisante.
– L'implication de la direction souligne l'intérêt porté au nouvel arrivé.

Procurer des repères

– Le livret d'accueil doit être le plus attrayant possible.
– Les journées d'intégration doivent permettre de rappeler des données essentielles, des valeurs, des règles comportementales au sein de l'entreprise.
– Le processus d'intégration doit être animé : travail en groupe, quiz, jeux de rôle…
– Il importe de présenter des exemples de carrières réussies dans l'entreprise pour matérialiser l'évolution professionnelle.

Favoriser l'écoute et tous les échanges

– Il est nécessaire d'effectuer un bilan de l'intégration et de lister les points d'amélioration possibles.
– Les informations et les relations doivent être de qualité.
– Il est instructif de tenir compte du « rapport d'étonnement » mettant en évidence les points (positifs ou non) que l'entreprise ne voit plus.

À chaque fois que cela est possible et quand l'activité le permet, mettez le nouvel arrivé en situation de client et faites-lui faire un séjour sur le terrain opérationnel s'il est destiné à occuper un poste fonctionnel.

Chapitre 4

Fidéliser et développer une relation durable

Depuis longtemps, les entreprises ont compris qu'il était aussi important de fidéliser leurs clients que d'en conquérir de nouveaux. Les études montrent qu'en période de crise, comme celle des années 2002-2003, les **stratégies de fidélisation** l'emportent sur celles de conquête, tant il est vrai que conquérir un nouveau client coûte cher et est d'autant plus aléatoire que le pouvoir d'achat de celui-ci se restreint.

Transposons cette démarche marketing, commercialement éprouvée, aux ressources humaines. Quand les ressources sur le marché de l'emploi sont abondantes mais que les entreprises cherchent à diminuer leurs charges, la tendance pourrait être de remplacer les ressources les plus coûteuses par de nouvelles recrues, réputées moins chères. Mais la question n'est pas ici de savoir si cette pratique a été profitable ou non aux entreprises qui l'ont mise en œuvre. Même si cette pratique peut perdurer dans certaines activités, la situation est en train de changer et gare aux entreprises qui n'auront pas su ou pu l'anticiper !

Laisser partir des collaborateurs lorsque des centaines de candidats se pressent à la porte de l'entreprise peut ouvrir de nouvelles opportunités. Cela présente en revanche de grands risques quand les candidatures se raréfient et que le niveau de compétences effectivement disponibles tend à diminuer. C'est maintenant déjà le cas dans de nombreux métiers. Cette situation sera durable. C'est pourquoi fidéliser ses salariés devient vital, au moment où, paradoxalement, l'exercice devient plus difficile. Les **comportements**, nous l'avons vu, ont commencé à s'adapter à une **instabilité** devenue permanente, les **mentalités** ont changé vis-à-vis du travail et de l'entreprise. Qui plus est, la **concurrence** va mécaniquement se renforcer, non plus seulement sur les hauts potentiels, d'ores et déjà chassés au plan international, mais sur des profils plus courants.

Pourtant l'infidélité n'est pas une fatalité. Et c'est sans doute dans ce domaine que la mise en œuvre du marketing RH va porter le plus ses fruits, sachant que, nous l'avons vu, la fidélisation s'inscrit dans la suite du processus initié en amont. On peut, en l'occurrence, parler d'**attractivité interne**, c'est-à-dire de la capacité à retenir le collaborateur en lui montrant, lui démontrant pourquoi il a intérêt à rester, avec à chaque fois des arguments patents, à travers des outils qui lui sont adaptés. Pour fidéliser, l'entreprise devra d'abord tenir ses **promesses**, tout en incitant ses collaborateurs à tenir leurs **engagements**. Aussi la fidélisation et ses expressions positives que sont l'implication et la motivation, apparaissent bien comme un travail de conquête et surtout de **reconquête** permanent, mutuellement profitable.

La fidélisation, pourquoi ?

Le coût du risque

Plusieurs éléments militent évidemment en faveur de la fidélisation des **individus compétents, loyaux et impliqués** dans une entreprise ou une organisation. Si personne n'est indispensable, les compétences sont en revanche de moins en moins interchangeables au fur et à mesure que les métiers se complexifient, faisant souvent appel à un assemblage d'expertises plus ou moins spécialisées. Trouver un remplaçant à une personne ayant, volontairement ou non, quitté l'entreprise, ne signifie plus seulement recruter un profil équivalent – ce qui déjà a un coût – mais intégrer cette personne dans les équipes, engager d'emblée une formation spécifique, avec les risques inhérents aux plans professionnel et relationnel.

Un départ représente souvent un risque. Et dans certains cas, à haut niveau, il arrive que des projets soient retardés dans des entreprises parce qu'un des membres de l'équipe est parti – et que l'on n'a pas su le retenir –, parfois chassé par le concurrent qui cherche ainsi à déstabiliser son adversaire ! Mais le phénomène ne concerne plus seulement les forts potentiels. À chaque fois qu'une ressource devient rare sur le marché de l'emploi, cette pratique se développe. Dans le contexte que nous avons décrit pour les années à venir, elle risque donc de se généraliser. Nous en avons eu un avant-goût au moment de la bulle Internet, quand les *webmasters* s'arrachaient à prix d'or ou encore avant le prétendu bug de l'an 2000, quand les informaticiens jouaient la surenchère après une période de vaches maigres.

Et puis, plus généralement, le turnover quand il est important, est un facteur de non qualité ou de rupture dans le niveau de qualité produite par l'entreprise quelle que soit son activité. Prenons le cas du secteur des services, comment imaginer que dans tel magasin de confection, par exemple, où le turnover est de l'ordre de 50 %, le client soit satisfait de découvrir que la moitié des vendeurs a changé dans son établissement préféré. La qualité de service se fonde pour une large part sur une relation suivie et une personnalisation avec la clientèle.

> Que dire, quand dans telle chaîne de restauration, on a observé un turnover de 400 % (c'est à peine croyable) ou autrement dit le

changement de l'ensemble du personnel, en moyenne, tous les trois mois.

Le coût d'un recrutement

Dans son édition de février 2004, *Management*[1] interroge des cabinets et des responsables de recrutement pour se livrer au calcul estimatif du coût de recrutement d'un cadre supérieur et de son remplacement en cas d'échec. Entre les honoraires facturés par un cabinet de recrutement, le salaire versé au nouveau collaborateur (sur une base de six mois), la faible productivité de celui-ci en période d'intégration, les effets internes de l'échec d'un recrutement et le processus de nouveau recrutement, *Management* avance le chiffre de **plus de 250 000 euros.**

Cette somme doit être relativisée pour des profils non cadres, mais tout de même, dans un article du *Monde*[2] intitulé « La fonction RH sous les projecteurs de l'évaluation », on apprend que, chez Carglass, « le coût du départ d'un technicien a été estimé à un peu plus de 20 000 euros, comprenant le recrutement et la formation du remplaçant et la perte de chiffre d'affaires ». Il n'en reste pas moins que le coût d'un recrutement non réussi, y compris en termes sociaux, doit être pris en compte et, dans une certaine mesure, servir de base au **calcul des investissements** qui doivent être consentis par une entreprise pour réussir à conquérir et fidéliser ses nouveaux salariés. Autrement dit, un recrutement « à l'économie » et l'absence de politique de fidélisation conséquente peuvent avoir des coûts bien supérieurs aux dépenses que l'entreprise n'a pas souhaité engager en marketing RH. Reste au responsable du marketing RH à savoir fournir une justification de ces dépenses et surtout à en démontrer le retour sur investissement.

1. « Le vrai coût d'un recrutement ».
2. 14 novembre 2006, par Nathalie Queruel.

Dans de telles conditions, certes sans doute extrêmes mais réelles, comment peut-on espérer fédérer des équipes, établir un bon climat social ou mettre en place une démarche qualité ? Dans ce type de cas la recherche imminente d'un minimum de fidélisation devient évidemment vitale.

Le retour de l'émotion

En 2003 encore, les agences de télémarketing se disputent à grand-peine des télé-acteurs, les entreprises de plomberie manquent de main-d'œuvre, et même l'armée peine à fidéliser ses recrues. Le bien connu « Engagez-vous, rengagez-vous » a beau avoir été actualisé en « L'armée, plus qu'un métier », la réalité du terrain se révèle plus dure que sur les affiches et dans les discours où sont surtout mises en avant les valeurs d'aventure. Fidéliser quand la guerre menace peut dès lors être une gageure.

Toutes proportions gardées, le monde des entreprises présente lui aussi des risques, nécessite une forme d'engagement, de challenge et quelquefois un stress qui pourront tout aussi bien être des éléments de motivation que des causes de rejet de la part des individus, selon la façon dont on les traitera. Se poser la question de la fidélisation conduit donc à envisager celles de la **motivation**, de l'**implication**, des **objectifs poursuivis**, bref à s'intéresser aux individus non plus seulement à travers ce qu'ils savent faire mais par ce qu'ils sont. Ne serait-ce que parce qu'elle oblige à prendre en compte l'humain dans ce qu'il a aussi d'**émotionnel**, la fidélisation devient pour l'entreprise un facteur d'**enrichissement** et de **compétitivité** indispensable.

Des motivations à la motivation

On a souvent trop eu tendance à l'oublier, l'entreprise est davantage qu'un lieu de travail, c'est **un nouveau réseau** dans lequel un individu va devoir s'insérer, travailler bien sûr, progresser, tisser tout type de relations, bref vivre. Ce qui a changé fondamentalement, et ceux qui avaient connu l'ancien modèle ont parfois eu du mal à s'adapter, c'est que **l'espace-temps de l'entreprise** n'est plus aussi strictement confiné dans des horaires et un lieu de travail, sinon encore sur le papier. Activités personnelles et professionnelles sont de plus en plus mêlées, du moins pour une partie grandissante des salariés. Les motivations principales de ces salariés pour rejoindre une entreprise ne sont plus seulement le niveau de rémunération et les perspectives de carrière, voire le prestige de la marque, mais bien plutôt les conditions dans lesquelles cette adéquation va pouvoir s'opérer entre des aspirations personnelles et professionnelles. Autrement dit, c'est aussi la capacité de l'entreprise à répondre à cette adéquation qui va créer de la motivation et de la remotivation chez chacun de ses employés.

Faut-il s'étonner, lors d'un recrutement en France, qu'un candidat s'inquiète souvent d'abord de la façon dont les 35 heures sont mises en œuvre dans l'entreprise que des perspectives de carrière ? Cette attitude qui tendrait à se généraliser n'est-elle pas simplement le reflet d'une époque où l'on cherche à avoir plus de prise sur l'organisation de sa vie personnelle, sachant que l'entreprise est le lieu de toutes les incertitudes ?

En déduire que la nouvelle génération ne souhaite plus s'investir dans le travail serait cependant une erreur. Les entreprises doivent vraiment s'interroger sur ce qui motive leurs employés dans le travail. Même si le résultat n'a pas été à la hauteur des espérances de leurs promoteurs, le phénomène des start-up à la « fin du siècle dernier » a montré que des équipes pouvaient se mobiliser sans compter, quand l'aventure était quotidienne. Qui n'a pas la nostalgie d'un travail peut-être moyennement payé, mais où le plaisir à le faire était omniprésent ?

Mais en tout état de cause cette jeune génération gardera en tête la notion d'échange « gagnant/gagnant ».

La nécessité de redonner le choix

Le besoin de motivation concerne tout le monde. Les nouvelles générations de cadres ont déjà intégré la nécessité d'être à la pointe de leurs compétences pour conserver leur liberté et rebondir facilement s'ils se retrouvent sur le marché du travail. Ils développent donc une forme de relation ambivalente avec l'entreprise dont ils attendent une formation à travers des **projets innovants**, pour devenir plus performants, sans pour autant avoir la volonté d'y faire carrière. Dès lors, la meilleure façon de fidéliser ses collaborateurs pour l'entreprise n'est-elle pas, paradoxalement, de leur donner en permanence la possibilité de **choisir** ? Car la routine et l'ennui précèdent de peu le désenchantement. Le temps est révolu où, en substance, le chef d'entreprise, ou même l'État, pouvait se contenter d'« offrir » à ses employés ou ses fonctionnaires, un travail et un salaire. En matière d'emploi, la demande a complètement changé de nature, elle est beaucoup plus complexe. La réponse n'est plus seulement une offre mais une **promesse** que l'entreprise doit tenir **dans la durée**.

Et cela sera d'autant plus difficile avec les nouvelles générations que celles-ci n'inscrivent pas la notion de travail dans la durée. Ainsi tel jeune étudiant aimerait devenir instituteur, mais pour quelques années seulement puis souhaiterait faire autre chose ou tel autre jeune entrepreneur décide de créer une entreprise dont il sait que si elle devient prospère il la cédera dans 5 ans.

Et là encore, il est indispensable de rechercher pour les différents types de personnels quelles seront les sources de motivation à cibler. Dans certains pays, ou entreprises internationales, ce travail sera encore plus essentiel. Même si des **programmes de motivation** génériques à l'entreprise sont mis en place, il est important de créer des systèmes individualisés ou de proximité, mieux adaptés aux besoins et aux cultures de chacun. Mais ne nous privons pas en tout cas d'innover en la matière, pour être au plus près de chacun et se différencier de la concurrence !

La mobilité et la gestion des carrières

Même si bon nombre d'entreprises ne s'engagent plus sur un plan de carrière dans un contexte nouveau où cette notion a profondément changé, il est nécessaire de donner aux salariés de la visibilité sur leur futur professionnel et de favoriser cette mobilité.

On doit parler désormais de carrières *lato sensu*, dans la mesure où il s'agira de plus en plus de carrières dites « plates », c'est-à-dire qu'elles permettront au salarié d'évoluer sans forcément « grimper » dans la hiérarchie mais en intégrant une nouvelle fonction dans des métiers périphériques au sien, nouveaux ou non. Il pourra s'agir dans certains cas de changement de métier grâce notamment à la formation en fonction des besoins de l'entreprise ou des aspirations du salarié.

Mais en tout état de cause, l'entreprise doit montrer les perspectives, les étapes suivantes possibles dans tel ou tel métier. Cette visibilité sera d'autant plus importante pour les jeunes arrivants qui admettront plus facilement des contraintes professionnelles si elles sont considérées comme temporaires et porteuses d'avenir, d'évolution sociale.

Il faut également informer régulièrement sur les offres d'emploi internes de façon exhaustive. Elles donneront de la transparence à la démarche et montreront concrètement les opportunités possibles dans l'entreprise.

Une fois de plus, les nouvelles technologies vont faciliter cette gestion de la mobilité interne. Ainsi sur l'intranet, le salarié peut consulter les offres d'emplois internes, déposer sa candidature ou exprimer ses souhaits d'évolution.

Cet intranet (ou des affichettes d'offres d'emploi) peut aussi présenter un chapitre sur tous les métiers de l'entreprise avec le descriptif des compétences requises et les passerelles permettant d'accéder à ces métiers.

De la connaissance à la reconnaissance

L'indifférence qui blesse

Fidéliser, c'est aussi passer de la connaissance à la **reconnaissance**. Et cette reconnaissance ne doit pas être réservée à certains mais elle doit « toucher » cent pour cent des salariés dans les entreprises.

Pour reprendre l'exemple des infirmières, mais on pourrait également citer les enseignants, les policiers, ou les marins pêcheurs : de quoi se plaignent-ils, aussi, lors de conflits sociaux ? D'un manque général de reconnaissance. Conséquence : ils ne se sentent plus respectés par les malades, les parents d'élèves, les élèves, le public en général. La question de la rémunération, souvent présentée comme centrale, n'est finalement pas la seule.

Dans les entreprises, le phénomène est identique. Un collaborateur est engagé, il fait son travail, il est régulièrement payé, il en fait un peu plus quand il le faut, il est encore régulièrement payé, il n'est jamais absent, il accepte d'être moins augmenté car la conjoncture est difficile pour son entreprise, il est toujours régulièrement payé. Et puis un jour, cet employé exemplaire s'en va chez un concurrent. Et bizarrement, son salaire de départ n'y est pas nécessairement beaucoup plus élevé, alors qu'on lui confie des responsabilités supplémentaires. Alors pourquoi est-il parti ? On lui offre par exemple l'opportunité de travailler à l'international, ce que son ancien employeur n'avait jamais fait pour lui, pour la simple raison qu'il ignorait ce souhait.

Comment parler de reconnaissance quand il n'y a pas connaissance ? Même si les procédures de recrutement tendent à s'affiner, que sait-on réellement d'un collaborateur nouvellement engagé ou, et c'est plus grave, d'un employé de longue date ? Même si l'on connaît ses qualités et que l'on croit connaître ses motivations et attentes, se donne-t-on les moyens d'en suivre l'évolution régulièrement ? De le re-connaître ? Plus souvent qu'on le croit, la reconnaissance est le fruit de comportements simples mais d'autant plus forts qu'ils se font rares. A quand remontent les dernières félicitations explicites adressées à un collaborateur pour le travail réalisé ? Souvent, améliorer l'écoute permettra de mettre à jour chez celui-ci des ressources insoupçonnées. Et comme nous l'avons mentionné, pensons dans toute la mesure du possible à réaliser un entretien de départ pour tirer des enseignements pour l'avenir.

Tirer des enseignements

Au Royaume-Uni, la société de conseil KPMG réalise un entretien de démission pour pointer les dysfonctionnements, relate *Management* en mars 2004. Un questionnaire en ligne est adressé au salarié après son départ pour compléter les raisons invoquées dans sa lettre de démission. En outre, la DRH le joint au téléphone pour connaître les raisons profondes de son départ. Ces informations sont intégrées de façon anonyme dans une base de données et sont accessibles par les managers du cabinet pour anticiper les problèmes et mieux gérer leurs équipes.

Les bases de connaissance

En tout état de cause, la capacité de fidéliser de l'entreprise va bien d'abord dépendre de sa volonté de mettre en place un **système performant de connaissance et de reconnaissance** de ses salariés. Ensuite, que cette reconnaissance se traduise par un programme structuré ou tout simplement par une prime, une promotion, une « médaille » ou un mot personnel du dirigeant n'a qu'une importance plus ou moins secondaire, selon les cas, et devra être adaptée aux besoins de la personne et aux moyens de l'entreprise. Mais, en tout état de cause, tous ces éléments matériels ne peuvent se substituer à ce que chaque individu souhaite également comme gage de fidélité : le **respect**.

Convivialité et faible turnover

Société de services informatiques toulousaine, Silogic veille non seulement au bon équilibre entre vie personnelle et professionnelle de ses 500 salariés – une majorité d'ingénieurs de haut niveau et 40 % de femmes –, avec le choix du temps partiel par 15 % du personnel, mais attribue à chaque nouvel arrivant un parrain, chargé de sa bonne intégration. En outre, les salariés peuvent accéder à l'actionnariat, ce qu'ont choisi 25 % d'entre eux.

Ambiance de travail

Étude Ipsos réalisée en 2006 à la demande de l'Association Jeunesse et Entreprises auprès d'étudiants et de jeunes actifs, tous s'accordent globalement sur les conditions de travail qu'ils jugent les plus importantes, au premier rang desquelles figurent l'ambiance de travail (jugée déterminante par 92 % des lycéens et étudiants et 98 % des jeunes actifs).

La participation dans tous les sens du terme

Les aspirations individuelles

Une étude réalisée en 2003 par *Enjeux, Les Échos*[1] révèle que les Français sont attachés à leur travail, aiment leur métier, mais conservent des liens distendus avec le *top management* et l'entreprise. Dans ce contexte, l'amélioration des conditions de vie dans l'entreprise, à travers notamment l'**individualisation** de ses rapports avec ses salariés, devient une priorité pour les fidéliser. Que faut-il entendre par individualisation ? C'est la prise en compte de l'individu en tant que tel et non plus seulement comme exerçant une fonction déterminée dans l'entreprise. C'est l'acceptation de l'expression de besoins, d'idées, de désirs pouvant dépasser le cadre de la mission impartie. C'est enfin l'association des individus à l'amélioration des performances de l'entreprise à travers différents modes de **rémunérations complémentaires** à leur salaire.

Les individus cherchent du **sens** et les entreprises peuvent leur en offrir à travers les missions confiées. Encore chacun doit-il se sentir associé au projet collectif en en saisissant les tenants et les aboutissants, et en comprenant le pourquoi. Chacun à son niveau doit pouvoir contribuer aux progrès de l'entreprise, voir ses **initiatives** encouragées dans toutes sortes de domaines et ses **suggestions** prises en considération. Là encore, cette exigence revisitée sous l'angle du marketing RH contribue à la performance de l'entreprise en général.

1. Sondage exclusif CSA/*Enjeux-les Echos* réalisé du 10 au 17 juillet 2003 : « Être heureux au travail ».

Prendre en compte l'épanouissement personnel

Interrogée par le *Nouvel Observateur* dans le cadre d'une enquête sur le bonheur au travail[1], la présidente du cabinet de conseil Utopies affirme :

« Encourager leurs salariés à s'intéresser à autre chose qu'à leur travail les rend bien meilleurs. Par exemple, Nature et Découvertes diversifie les tâches de ses vendeurs : s'ils ont les compétences requises, ils peuvent enseigner l'ornithologie ou l'astronomie aux autres salariés. Ou encore accompagner les clients dans les sorties de terrain. Les possibilités de mobilité en interne sont essentielles. En Grande-Bretagne, il existe un label, *Investors in people*, qui garantit qu'une société assure des formations en permanence à tous ses employés. »

Sachons nous rappeler que les employés heureux font les clients heureux qui font les actionnaires heureux… et réciproquement.

La voix au chapitre

Qui ne connaît une anecdote dans laquelle est mis en scène ce personnage dans une entreprise qui, interrogé un jour incidemment « à contre-emploi » par son patron, émet l'idée géniale à laquelle personne n'avait pensé.

Ainsi, authentique ou inventée pour la légende, l'histoire de Colgate cherchant désespérément à augmenter ses ventes de dentifrice. Les réunions marketing succèdent aux réunions, avec force cafés apportés par l'employé chargé de cette tâche peu valorisée. Assistant aux échecs répétés et voyant le stress de l'équipe croître, l'employé demande s'il peut faire une suggestion. Sous l'œil dubitatif mais résigné de l'assistance, le boss lui donne la parole :

« Et si vous agrandissiez le trou ? » ose-t-il. Colgate multipliera ses ventes de dentifrice.

1. « Prendre en compte l'épanouissement personnel », 25 septembre 2003.

Combien d'entreprises encouragent-elles leurs livreurs, leurs opérateurs, leurs ouvriers à faire des suggestions, transmettre des informations, combien leur donnent la possibilité de s'adresser directement à un responsable chargé de prendre en compte leurs remarques et d'y donner suite, le cas échéant ? Le livreur peut jouer un rôle primordial pour enrichir une base de données clients, un opérateur téléphonique confronté à un scénario non prévu dans le script qui lui a été fourni peut contribuer à l'amélioration du service ou des ventes, pourvu qu'on l'autorise à faire remonter l'information et surtout qu'il ait l'impression que cela sera suivi d'effet !

Créativité à tous les rayons

Comment imaginer de nouveaux services pour fidéliser les clients ? Carrefour propose à ses employés, sur la base du volontariat, de se mobiliser au sein de comités de pilotage pour imaginer avec des clients des innovations dans les magasins. Les meilleures idées, relayées sur le réseau interne, sont récompensées par la remise d'un prix.[1]

Dans un article de *Management*[2], intitulé « Les secrets des entreprises inventives », on apprend que chez Décathlon, les collaborateurs innovent *in situ*, en situation de client. « Il est plus facile d'inventer une nouvelle canne à pêche au bord d'un étang qu'au siège, entre les coups de fils et les réunions », explique Philippe Vahé, directeur du design amont chez Décathlon. « Surtout, il suffit d'observer les pêcheurs pour trouver des pistes d'amélioration ».

C'est paradoxalement au moment où les entreprises mettent en place de plus en plus de *process* qu'il faut compenser le sentiment de perte d'autonomie qu'ils induisent par une plus grande place donnée à la prise en compte des demandes particulières. Non seulement ce type de démarche doit être

1. *Capital,* mai 2004.
2. Décembre 2006.

permis, mais il doit aussi être récompensé. Cette approche marketing bouscule quelque peu l'idée selon laquelle l'entreprise était une organisation indifférenciée où toute mise en vedette des individus restait exceptionnelle et devait s'effectuer selon des règles bien précises. Dans certains pays, comme la Chine ou le Japon, la mise en valeur de l'individu n'a de sens qu'à travers celle de l'équipe dont il fait partie. En France, le respect formel de la hiérarchie limite le développement de la valorisation des chevilles ouvrières. Pourquoi, dès lors, ne pas récompenser aussi les managers qui auront su le mieux valoriser leurs collaborateurs ou plutôt leur auront donné la possibilité de mettre en œuvre des initiatives de toutes sortes ? Il convient là encore d'étudier les motivations de chaque population afin de valoriser différentes formes de participation à la vie de l'entreprise et à son évolution.

Boîte à idées électronique

> Autrefois, pour stimuler leur créativité, les entreprises utilisaient la boîte à idées. Aujourd'hui, des sociétés ont transformé cette boîte en une base de données électronique. Là encore, grâce aux nouvelles technologies et à l'intranet, les remontées d'idées sont plus rapides, et peuvent être partagées par l'ensemble des collaborateurs. Ce type de programme peut fournir d'excellentes idées aux entreprises, et créer par la même un sentiment de reconnaissance, de prise en compte ; c'est enfin une source supplémentaire d'émulation, de participation et d'implication des collaborateurs.

«Une participation sonnante et… balbutiante.

Le mot participation évoque d'abord la rémunération complémentaire que touchent les salariés dans les entreprises où ces accords ont été contractés. Le paradoxe est que nombre d'entreprises ne savent pas valoriser cette forme d'avantage concurrentiel auprès de leurs salariés, alors qu'il constitue un élément de fidélisation non négligeable. A la participation

« légale », – s'appliquant en France de la même façon à toutes entreprises de plus de 50 salariés – peuvent en effet s'ajouter d'autres formes d'intéressement contractuels, suivant également les performances financières des entreprises.

Les rémunérations complémentaires

Voici quelques exemples de ce que l'on appelle les rémunérations complémentaires qui forment le « total cash » et autres formes d'avantages.

– La prime de participation aux fruits de l'expansion.
– L'intéressement collectif.
– L'épargne et l'actionnariat des salariés :
  • Le plan d'épargne d'entreprise.
  • Le fonds commun de placement d'entreprise.
  • L'actionnariat des salariés (*stock-options*, attribution d'actions gratuites, augmentation de capital réservée aux salariés…).
  • Le compte épargne temps.
– La protection sociale complémentaire :
  • La prévoyance.
  • Le plan d'épargne retraite.
  • La retraite complémentaire.
– Les primes exceptionnelles.
– Les bonus et primes sur objectifs individuels.
– Les avantages en nature, de type voiture de service ou de fonction, téléphone, ordinateur portable.

Dans certaines entreprises, la participation et l'intéressement peuvent atteindre, voire dépasser, 30 % du salaire annuel. Encore faut-il bien communiquer sur les différents dispositifs proposés aux salariés ; non seulement au moment de l'embauche en faisant ressortir la notion de **rémunération globale** mais tout au long de la carrière du collaborateur dans l'entreprise.

> Ikéa fait chaque année parvenir à ses salariés un « avoir social » comprenant outre le montant du salaire, celui des primes, de la participation, de l'intéressement, ainsi que des cotisations et des prestations retraites ou encore des rentes éventuellement versées au titre de la prévoyance.
>
> Comme l'expliquait un représentant de la DRH d'Ikéa à *Challenges*[1] :
>
> « Lorsque (les salariés) font l'effort de chiffrer (les compléments de rémunération), ils hésitent à changer d'entreprise. Résultat, notre turnover n'excède pas 15 %, un très bon score dans la distribution. »

Générosité ou intéressement ?

Dans un dossier spécial[2], *Challenges* publie le classement des cinquante entreprises françaises les plus généreuses. Outre des chiffres (salaire, participation, intéressement) qui, par définition, varient en fonction du secteur d'activité et de la profitabilité de chaque entreprise, on y découvre deux indices particulièrement révélateurs :

– d'une part le pourcentage de la masse salariale versé au CE,

– d'autre part celui consacré à la formation,

avec des variations de 0,4 à 4 pour le premier et de 1,73 à 8 pour le second.

Pour les entreprises en tête du classement, au moins un de ces deux pourcentages est sensiblement plus élevé que la moyenne de l'ensemble, ce qui tendrait à démonter que ces indices sont des indicateurs intéressants d'attractivité et de fidélisation.

1. « Les entreprises les plus généreuses », 15 mai 2003.
2. « Les entreprises les plus généreuses », 15 mai 2003.

De fait, des études menées au sein de grands groupes ont montré que les salariés ayant suivi des formations qualifiantes, qui les valorisent, sont plus fidèles que la moyenne des collaborateurs. Aujourd'hui, **l'e-learning** et la formation à distance permettent de renforcer l'accès à la formation par le plus grand nombre et d'ainsi mieux accompagner l'évolution professionnelle de chacun.

Quelques éléments parmi d'autres pour motiver et retenir les salariés

- Renforcer la transparence des offres d'emploi internes et de la gestion des carrières, faciliter la mobilité et l'évolution professionnelle – grâce aux NTIC[1].
- Reconnaître les talents et mettre à profit les potentiels, y compris en termes d'aptitudes personnelles.
- Communiquer explicitement l'ensemble des avantages de l'entreprise (par exemple, la rémunération globale) et imaginer des avantages inédits.
- Faire participer dans tous les sens du terme les collaborateurs aux résultats et à l'évolution de l'entreprise.
- Développer des politiques de formation dans un objectif de développement de carrière et donner de la visibilité au futur social.
- Renforcer les capacités de management des équipes dirigeantes, clé de voûte de la confiance de leurs collaborateurs grâce à une mise à disposition d'outils de communication pour leur permettre de jouer plus facilement leur rôle d'animateur d'équipe.

☞

1. Nouvelles Technologies de l'Information et de la Communication.

- Créer des systèmes de reconnaissance originaux et adaptés selon les salariés.
- Développer un dialogue permanent avec chaque collaborateur et fixer des rendez-vous formalisés d'expression comme l'entretien annuel d'évaluation.

Les avantages à la carte

La personnalisation des acquis

Ce que l'on appelle dans une entreprise les **avantages sociaux** a déjà fait ses preuves en matière d'attractivité et de fidélisation. Qu'il s'agisse des tickets restaurants, de la formation, de la mutuelle ou de la retraite complémentaire, ces avantages, en France, sont aujourd'hui considérés comme acquis, du moins dans les grandes entreprises.

Les entreprises qui les ont déjà mis en œuvre vont maintenant s'employer à **personnaliser** ces avantages, comme certaines ont déjà commencé à le faire. Ce phénomène de personnalisation a déjà été initié par des comités d'entreprise qui ont, par exemple, revu leur politique d'attribution de bons d'achats lors des fêtes de fin d'année parce qu'elle avantageait les familles avec enfants au détriment de la classe montante des célibataires. Selon cette même logique marketing, les entreprises vont proposer des avantages différents selon les besoins de chaque catégorie de personnel puis de chaque salarié. Des sociétés de services se sont d'ores et déjà positionnées pour permettre aux salariés d'une entreprise d'accéder à des **programmes de services et d'avantages pratiques**. En coordination étroite avec l'entreprise et après une étude interne, ces sociétés proposent à leurs salariés, via un extranet ou un centre d'appels, des services adaptés aux besoins de chacun. Un tel programme mis en œuvre chez Total a ainsi généré plus de 10 000 connexions dans la semaine ayant suivi sa création.

Bien-être à la carte

Se fondant sur l'analyse des besoins des salariés vis-à-vis de leur travail et de leur entreprise – bonne ambiance, intérêt, épanouissement – de ce dont ils souffrent en majorité – le stress –, de ce qui leur manque – des services personnels sur leur lieu de travail –, la société Bien-être à la carte permet par exemple aux collaborateurs d'une entreprise de contacter gratuitement et en toute confidentialité des conseillers « vie pratique ». Ces conseillers ont pour rôle de simplifier la vie des salariés au quotidien dans différents domaines : habitat, scolarité, loisirs, assurance. De plus, la société propose de mettre à disposition un concierge qui est présent physiquement dans l'entreprise pour rendre différents services (par exemple, le pressing du personnel).

La composition de l'offre pourra être différente selon la population de l'entreprise ou sa localisation. En tout état de cause, particulièrement dans les grandes villes où les temps de transport sont plus longs, le stress plus important... ce type de programme permet concrètement d'enrichir sensiblement et de façon originale son offre employeur.

Le Cesu

Depuis janvier 2006, le Chèque Emploi Service Universel (CESU) peut également très concrètement améliorer l'offre employeur. Il permet en effet aux entreprises d'aider leurs collaborateurs dans le financement de services à la personne : garde d'enfants, entretien de l'habitat...

L'utile et l'agréable

Là encore, il s'agit de choisir des services qui à la fois répondent aux **besoins** de chaque catégorie de salariés et correspondent aux **finalités** de l'entreprise.

Par exemple, les services de massage proposés chez Microsoft ou dans des centres d'appels sont adaptés aux métiers de ces entreprises : la position prolongée face à un écran d'ordinateur et le traitement de très nombreux appels téléphoniques sont en effet générateurs de tension et de stress que le massage permet d'évacuer efficacement.

Des sociétés de conseil, employant beaucoup de cadres féminins, sont même allées jusqu'à installer un salon de coiffure dans leurs locaux, cette demande s'étant révélée forte chez leurs salariées.

Plus classiques, les services de garde d'enfants sont adaptés aux jeunes couples dans les grandes villes. Le président de CSC Peat Marwick, SSII qui a pris ce type d'initiatives, précise dans une interview au *Nouvel Hebdo*[1] :

« En réduisant le nombre de jours travaillés, le stress allait beaucoup se développer. L'équilibre entre vie privée et vie professionnelle devenait difficile à préserver. Il fallait donc pouvoir assister fortement nos collaborateurs dans la gestion de leur vie personnelle. »

La contrepartie de ce genre de solutions est une plus grande implication des salariés dans leur travail, ce qui peut paraître paradoxal à ceux qui, au contraire, pensent qu'elles risquent de distraire les employés de leur mission principale. En réalité, la perméabilité entre vie professionnelle et personnelle est déjà telle, via notamment les outils de communication, qu'il vaut mieux l'organiser, éventuellement en édictant quelques règles simples de **bonne conduite**, plutôt que de

1. 29 mars 2002.

pratiquer la politique de l'autruche au risque de laisser se développer des comportements non contrôlés, avant de les interdire et de créer de la frustration.

☞ **Attention**

Tous ces services proposés ne peuvent en aucun cas constituer des enjoliveurs d'un management ou d'une politique de ressources humaines défaillants.

Personnalisation avec le cafeteria system

Culturellement moins réticentes au marketing que les entreprises du vieux continent, des firmes américaines ont adopté le concept de fiche de paie à la carte. Leurs salariés peuvent choisir d'affecter leur rémunération plutôt au renforcement de leur couverture sociale ou à celui de leur retraite complémentaire, par exemple. Chez FleetBoston Financial, les employés sont autorisés à acheter et à vendre des jours de vacances. En Europe, de plus en plus d'entreprises proposent à leurs salariés de choisir entre tel ou tel avantage.

Du contenu pour l'Intranet

Les nouvelles technologies facilitent grandement la mise en œuvre de **services personnalisés.** Via le réseau interne de leur entreprise, le cas échéant accessible à partir de bornes pour celles et ceux qui ne disposent pas d'un ordinateur individuel, les collaborateurs peuvent gérer leur programme eux-mêmes, en choisissant par exemple les options de leur mutuelle (lunettes, soins dentaires, etc.) dans le cadre du forfait global négocié par l'entreprise, en alimentant leur plan d'épargne entreprise, en choisissant l'emploi du temps le mieux adapté parmi les possibilités permises et proposées…

Les rubriques les plus appréciées des salariés

Selon une étude[1] réalisée auprès de 1 800 intranautes, les rubriques les plus utilisés ne sont pas nécessairement celles qui sont le plus souvent proposées. Les procédures ressources humaines arrivent au dix-neuvième rang des rubriques sur les intranets alors qu'elles sont en troisième position des services utilisés par les salariés qui en disposent.

Rubriques	Rang des rubriques les plus utilisées par les salariés qui en disposent	Rang des rubriques sur les sites Intranet français
Consulter l'annuaire (téléphone, e-mails...) de votre entreprise ou administration.	1	2
Chercher des documents d'ordre technique/savoir-faire (bases de données, fiches produits...).	2	5
Effectuer des formalités liées au service du personnel (demandes de congés, RTT, paie, suivi du temps de travail, notes de frais...).	3	19
Suivre l'actualité de votre entreprise ou administration (journaux internes, flashs d'information...).	4	1

☞

1. Etude réalisée par l'UJJEF Communication et Entreprise et Médiangles Ipsos en 2002/2003.

Les rubriques les plus appréciées des salariés ***(suite)***

Rubriques	**Rang des rubriques les plus utilisées par les salariés qui en disposent**	**Rang des rubriques sur les sites Intranet français**
Suivre l'actualité de votre métier.	5	12
Suivre l'actualité de votre entité (journaux internes, flashs d'information...).	6	6
Accéder à l'agenda de vos collègues pour l'organisation de réunions.	7	22
Consulter la revue de presse des articles parus sur votre entreprise ou administration.	8	9
Faire des recherches d'ordre privé (météo, trafic routier).	9	16
Consulter des informations données par les syndicats.	10	24

À l'avenir, les intranautes souhaitent voir se développer :

– Le suivi de l'actualité de leur métier.

– Les documents d'ordre technique/savoir-faire (bases de données, fiches produits...).

– La formation en ligne.

Les outils de travail collaboratifs avec d'autres salariés (*groupware*, fichiers communs...).

Accessoirement, la mise en ligne d'informations intéressant personnellement le salarié va inciter les plus réticents à se connecter et donc à accéder également aux informations concernant plus directement l'entreprise. Comme l'ont en effet révélé plusieurs enquêtes (notamment celle menée chaque année par l'UJJEF[1]), les salariés dans nombre d'entreprises utilisent peu l'intranet car ils n'y trouvent que des informations institutionnelles, certes importantes, mais d'une part souvent disponibles par ailleurs et d'autre part pas toujours essentielles pour leur travail et leur vie au quotidien. Certaines entreprises mettent en ligne un véritable **portail RH** donnant accès à des informations intéressant précisément les salariés.

D'aucuns vont même jusqu'à parler d'ERM (*Employees Relations Management*[2]) par analogie au Customers Relations Management[3].

Ces portails de ressources humaines, ouvrant véritablement un couloir virtuel d'informations et de services, seront d'autant plus visités qu'ils donneront, en direct, tous les outils nécessaires pour conduire sa carrière et son évolution professionnelle, ainsi qu'une série d'informations qui concernent les salariés dans leur vie de tous les jours (solde de vacances, informations sociales, actions du comité d'entreprise...).

L'ensemble de ces informations sera d'autant plus pertinent que, compte tenu de la souplesse de ces technologies, l'actualisation sera permanente et le ton ainsi que le contenu parfaitement adaptés aux publics qui auront ouvert

1. Union des Journaux et des Journalistes d'Entreprises Françaises.
2. En français, gestion des relations avec les employés.
3. Outil informatique de gestion des relations avec les clients d'une entreprise.

les « portes virtuelles » des rubriques qui leur correspondent (grâce à une individualisation des services et informations proposés).

Enfin, l'analyse des chiffres des visites montrera de façon claire les rubriques qui doivent être modifiées, améliorées pour leur redonner de l'intérêt aux yeux des salariés. Certaines entreprises ont signé des accords avec des syndicats pour laisser à ceux-ci une rubrique d'expression sur l'intranet.

> La 9e édition (2006) du Prix Intranet d'Or, organisée conjointement par la Cegos, *Entreprises et Carrières* et le site lesechos.fr, a récompensé les entreprises Elyo Suez, Accor, LCL et Solvay. Dans le dossier d'*Entreprises et Carrières* qui reprend ce palmarès, Jean-François Rio explique que « dans tous les cas, les intranets entendent toucher l'ensemble des métiers et des statuts ». Il note également que « nul besoin d'être un technicien confirmé de la DSI pour administrer les intranets. Lesquels peuvent désormais être gérés dans des services au plus près des préoccupations métier ».

Du bien faire au bien-être

En termes de fidélisation, ces services à la carte, combinés à l'utilisation des nouvelles technologies, sont autant d'opportunités à développer pour les entreprises, en complément et si possible en synergie, comme nous l'avons signalé, avec ce que propose le comité d'entreprise, quand il existe. Il s'agit ni plus ni moins que de changer la vie au sein des entreprises et de réhabiliter la notion de bien-être professionnel dans un univers qui a trop vite transformé ses structures, au détriment des repères nécessaires à l'équilibre des hommes et des femmes qui y travaillent.

La carte de fidélité

À l'instar de celle délivrée à leurs clients, certaines entreprises donnent une carte à leurs collaborateurs qui peut être personnalisée et offrir tel ou tel avantage sur des produits et des services, dans l'entreprise et à l'extérieur. Ces avantages sont choisis en fonction de leur réalité et surtout de leur application effective. Quelle fierté pour les porteurs de cette carte d'être particulièrement bien traités lorsqu'ils la présentent ! Il convient cependant d'intégrer dans la mise à disposition de tels outils tout ce qui touche à l'animation du programme d'avantages : une démarche dont il ne faut pas sous-estimer la charge et l'enjeu !

La confiance, clé de voûte de la fidélité

Un contrat

Les entreprises qui ont le mieux réussi dans la fidélisation de leurs clients sont celles qui ont instauré avec eux une **relation de confiance**.

> Darty a été le premier à proposer un « contrat de confiance » à ses clients qui savent exactement dans quelle mesure ils disposent d'un service garanti pour leurs appareils ménagers.
>
> Europ Assistance, pionnier sur cette activité, a longtemps conservé une longueur d'avance sur ses concurrents grâce à la confiance du public en ses services.
>
> Les banques ont réussi à faire adopter la carte bancaire de paiement par un très grand nombre d'utilisateurs en fiabilisant le système en permanence et en les couvrant en cas de perte ou de vol.

On pourrait multiplier les exemples. C'est exactement le même objectif que doivent poursuivre les entreprises pour fidéliser leurs collaborateurs.

Les paroles… et les écrits

Grâce à l'esprit marketing RH, partagé par chaque manager et responsable d'équipe, l'entreprise est capable de garder la trace de cette promesse car, nous l'avons vu, elle est une déclinaison logique du positionnement adopté et traduit systématiquement à travers les différentes actions. Elle n'a donc pas été lancée « au hasard ».

Non ! Elle est construite, inscrite dans un discours, rappelée dans des documents. Elle fait l'objet d'une **évaluation régulière et contradictoire** et si elle doit être révisée, c'est d'un commun accord. En réalité, l'objectif est bien d'instaurer une relation responsable et durable entre l'entreprise et chacun de ses salariés, ce qui signifie un discours de vérité. Vérité sur les attentes, les objectifs, les moyens mis en œuvre pour les atteindre, analyse des déficits éventuels de part et d'autre et mise en place de mesures adaptées pour y remédier (formation, réorientation, évolution…).

On le voit, la confiance ne se décrète pas, elle se construit simplement à travers des relations suivies, une **forme d'assurance et de réassurance permanente et mutuelle**. Cette démarche n'a en effet rien d'univoque, les gages de fidélité sont nécessairement réciproques. L'entreprise doit s'assurer la fidélité de ses collaborateurs loyaux et impliqués tout en leur donnant les moyens de cette loyauté et de cette implication. Les salariés pour leur part ne devront-ils pas retrouver le **sens de l'engagement** pour envisager cette relation durable avec l'entreprise ?

Pour une relation responsable

Fondamentalement, le marketing RH doit faire en sorte que la fidélité soit le résultat d'un choix permanent. Il ne s'agit plus, on l'aura compris, de s'attacher les services d'un collaborateur en l'enfermant dans un système qui viserait à le prendre totalement en charge jusqu'à l'infantiliser, à l'instar de ce que pratiquaient les maîtres de forges à l'ère industrielle.

Pour ce salarié, il n'est plus question de tout attendre de son entreprise, notamment une carrière et un emploi à vie, ne serait-ce que parce que cette entreprise est elle-même confrontée à des mutations du marché de plus en plus rapides. En revanche, la nouvelle approche va consister à faire correspondre le plus longtemps possible l'offre de l'entreprise à la demande de chacun de ses salariés[1], sachant que cette offre et cette demande sont par définition évolutives.

C'est cette démarche de segmentation, d'individualisation qui va créer de la fidélité et de la motivation car ces salariés prendront conscience de l'intérêt qu'ils ont à rester dans l'entreprise. C'est ce que l'on pourrait appeler « l'utilité d'appartenance ». Ne parlons pas de fierté d'appartenance, ne rêvons pas ou ne faisons pas semblant de rêver comme voulaient le laisser croire des consultants qui en ont fait leur cheval de bataille.

Mais cette individualisation et cette utilité d'appartenance ne doivent pas engendrer un renforcement de l'individualisme et un glissement vers l'opportunisme. Car, sinon, cela risquerait de générer un groupe de « mercenaires » qui pourraient perdre tout attachement, même minimum à l'entreprise. Celle-ci se trouverait alors face à des comportements et à des implications calculés et de plus

1. Ou du moins à chacune des typologies de salariés pour ne pas dire de segments.

en plus exigeants. On arriverait, dans ce cas, à un résultat inverse de celui recherché.

C'est pourquoi en parallèle à cette recherche d'individualisation, l'entreprise devra également permettre à chacun de s'identifier à un « drapeau », un projet, une culture, des valeurs qui permettront de fédérer des équipes. Elle s'efforcera aussi à rechercher et inventer des modes d'attachement qui pourront être différents selon les individus.

L'entreprise devra enfin, pour contrebalancer les individualismes, créer de l'implication affective en permettant à chacun de s'identifier, qui, à un tuteur, qui, à un projet, qui, à un nouveau mode de relation.

Cette recherche de fidélisation est donc extrêmement salutaire pour l'entreprise puisque, là aussi, elle sera porteuse d'innovations. Innovations sociales et innovations d'organisation.

Plus globalement, la fidélisation va devenir un élément constitutif de la valorisation de l'entreprise, alors même que son image peut à tout moment être attaquée ou dégradée de l'extérieur. La mise en œuvre du marketing RH contribue à renforcer les défenses immunitaires d'une organisation en prenant en compte les aspirations de chacun de ses éléments, dans un mouvement de mobilisation dynamique et solidaire de progrès partagé.

Quiz – Carnet de bord de la fidélisation des collaborateurs

Remplissez-vous les conditions suivantes ?

- Offrir un travail et des missions variés et motivants, poussant à se dépasser.
- Permettre à chacun, quel que soit son âge, de développer en permanence ses compétences et son autonomie à travers des formations qualifiantes.
- Favoriser l'implication et l'engagement sur des projets par-delà la seule appartenance.
- Veiller à une rémunération stimulante et liée à des objectifs.
- Organiser le transfert de savoir-faire entre générations, dans une logique de diversité et de complémentarité.
- Transformer les managers en « coachs ».
- Prendre en compte l'individu et ses besoins, derrière le collaborateur.
- Introduire la notion de rémunération globale, adaptée à chacun.
- Multiplier les possibilités d'aménagement du temps de travail.
- Mettre en place des services personnels aidant chacun à mieux gérer son quotidien.
- Faciliter l'expression et la participation de tous pour innover, trouver des solutions, progresser ensemble…
- Connecter l'entreprise sur des questions sociétales.
- Promouvoir des valeurs tangibles dans la vie de tous les jours dans l'entreprise.
- Se montrer imaginatif dans la mise en œuvre des conditions de travail et de communication, notamment à travers les nouvelles technologies…

CHAPITRE 5

Évaluer en permanence le capital humain

La nécessaire évolution des relations entre l'entreprise et chacun de ses collaborateurs comme gage de fidélisation, que nous avons soulignée dans le précédent chapitre, ne va pas sans une évaluation permanente de ces mêmes relations sous leurs différents aspects. Après avoir servi à la conquête puis à la fidélisation des collaborateurs, le marketing RH entre dans une phase d'**animation**, c'est-à-dire de persistance de la fidélisation et de renforcement de l'implication des salariés.

Là encore, un parallèle est nécessaire avec la gestion de la relation d'un client pour comprendre l'enjeu de cette phase qui consiste, ni plus ni moins à entretenir ce que l'entreprise a de plus précieux : son **capital humain**.

Pour évaluer l'efficacité de sa politique marketing et commerciale, une entreprise dispose classiquement d'indicateurs que sont le nombre de ses clients, la quantité des produits qu'elle leur a vendus, puis le montant des achats réalisés par chaque client. En conquérant de nouveaux clients, elle cherche à développer son chiffre d'affaires. Et plus ces clients lui sont fidèles, plus elle réduit ses coûts, dans la mesure où elle amortit dans la durée ses coûts de conquête. Ainsi, les clients d'une entreprise représentent un capital dont la valeur peut s'apprécier suivant leur nombre et leur potentiel dans le temps, leur durée de vie.

Quand les clients sont plus difficiles à conquérir, en raison d'une plus grande concurrence sur les segments ciblés par exemple, l'entreprise travaille ses clients fidèles en cherchant à leur faire acheter davantage de produits ou services, quantitativement. Mais pour relayer l'effort de conquête et la maximisation du profit, une troisième voie, plus qualitative, consiste à **développer le capital client** à travers l'exploitation optimum des potentialités de la clientèle – en terme de niveau d'achats notamment – en s'adaptant aux besoins du client qui évoluent tout au long du cycle de vie.

C'est évidemment cette voie qui est transposable en matière de marketing RH. De même que le marketing de la relation client permet de développer le capital client, de même le marketing RH va viser à mettre en place des **outils de valorisation** du « capital collaborateur ». Ces outils permettent de pérenniser une démarche de fidélisation ciblée, axée sur le développement de la valeur de chaque « cliemployé ». Mais auparavant, pour fidéliser et développer le potentiel de ses collaborateurs, l'entreprise doit s'assurer qu'elle remplit correctement son contrat de base avec chacun d'entre eux, tout en vérifiant – et c'est là évidemment une différence fondamentale avec la relation client – que la réciproque est vraie. Ce sont tous ces aspects que nous examinerons dans ce cinquième chapitre.

Par-delà la mesure de satisfaction

Qu'est-ce que **mesurer la satisfaction** de ses employés ? Quand cette mesure existe, elle concerne une population dans l'entreprise et porte le plus souvent sur la qualité de la communication interne, prise dans son acception plus ou moins large. Ainsi traditionnellement, le niveau d'information dont dispose une entreprise, grâce à ces « baromètres », en matière de satisfaction de ses salariés concerne pour l'essentiel leur poste ou l'entreprise en général. Typiquement, le **taux de turnover**, qui résulte, rappelons-le, du nombre de départs constaté sur une année par rapport à une population considérée – l'ensemble des collaborateurs ou une catégorie de personnel – a toujours été un **indicateur RH** qui permet d'établir une comparaison dans le temps ou par rapport à une moyenne du secteur. Ainsi, quand une entreprise de services, par exemple, constate un turnover de 50 % chez son personnel, alors que la moyenne du secteur tourne autour de 65 %, elle peut s'estimer « meilleure », mais ce constat doit donner lieu à une analyse. Ce turnover global doit être observé par secteur, service de l'entreprise et à ce niveau il convient de comparer les taux et de vérifier plus particulièrement que le turnover de mobilité interne est conforme aux objectifs. En tout état de cause, il est nécessaire d'analyser les raisons de ces différentes formes de turnover en interne ou vers des entreprises extérieures. En interne, ce turnover peut aussi bien révéler le dynamisme d'individus cherchant à progresser dans l'entreprise que des problèmes de management ou d'organisation entraînant des souhaits de changement. Vers l'externe, le turnover peut être le signe d'une moindre attractivité de l'entreprise par rapport à ses concurrents ou d'une incapacité à répondre aux souhaits d'évolution de certains personnels.

L'analyse des indicateurs ressources humaines qui seront de plus en plus nombreux devra s'affiner et permettre aux DRH de démontrer leurs résultats ou d'alerter des directions générales. L'importance grandissante accordée aux indicateurs va donner aux directeurs de ressources humaines la capacité de se fixer des objectifs concrets et de réaliser des actions tangibles.

Cette analyse des indicateurs devra permettre par exemple de sérier les tranches d'âge, les fonctions, ou les métiers pour lesquels le turnover est le plus important ou enfin d'identifier les périodes de fluctuations fortes liées à des variations d'activités saisonnières.

Comme nous le verrons pour les enquêtes d'opinion, les indicateurs tels que le turnover seront donc segmentés car, quand ils représentent une moyenne générale, ils peuvent masquer des différences extrêmes selon telle ou telle catégorie de personnel.

Il convient donc de réunir un maximum d'informations pour engager, le cas échéant, des actions d'amélioration. L'évolution de ces indicateurs doit aussi faire l'objet d'un suivi pouvant faire partie des objectifs mesurables, à la disposition des managers pour déclencher des intéressements individuels, sous forme de bonus par exemple. En effet l'engagement, dont le niveau individuel contribue à la performance collective de l'entreprise, est assez rarement mesuré.

Quand une entreprise cherche à développer son capital humain, mesurer la satisfaction de ses collaborateurs est certes nécessaire, mais insuffisant : une forte insatisfaction peut n'avoir aucune conséquence sur la fidélité, si elle porte sur des points négligeables dans l'appréciation générale du collaborateur sur les éléments pris en compte. Aussi, parallèlement à la mesure de satisfaction, une évaluation précise de ce qu'attend le collaborateur doit-elle être réalisée pour définir les **priorités d'actions** qui augmentent l'**engagement de chacun.**

Baromètre *Liaisons sociales, Entreprise et Personnel et CSC (3e édition)*

L'enquête a été conduite d'avril à juin 2005 sur la base d'un panel sectoriel représentatif. À la question : « Avez-vous des indicateurs de suivi des résultats obtenus en matière de gestion des emplois et compétences, et si oui lesquels ? », les réponses sont les suivantes :

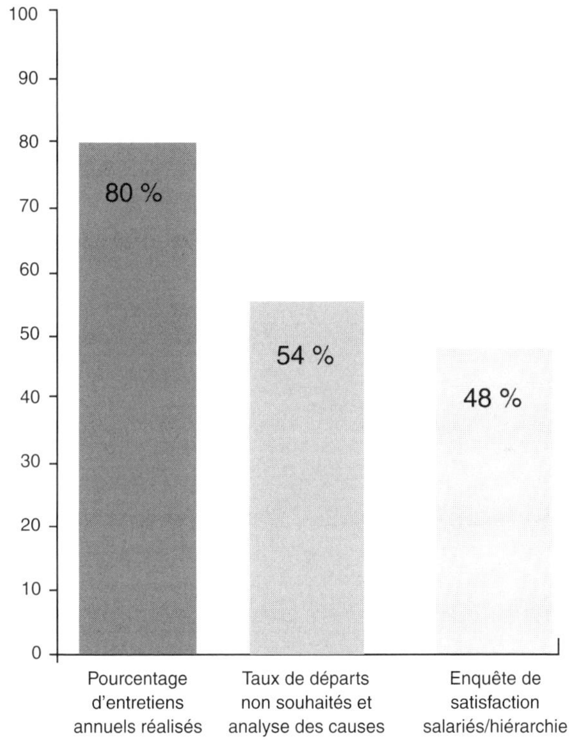

Précision du baromètre : l'utilisation d'indicateurs de suivi se développe au sein de la fonction RH pour mieux quantifier les résultats obtenus et montrer sa capacité à contribuer à la création de valeur.

Une fois de plus les nouvelles technologies vont être d'un apport considérable.

Les enquêtes d'opinion fondées sur des formulaires papiers expriment, de par leur mise en œuvre dans l'entreprise, une vraie volonté de mieux connaître l'avis des salariés et plus globalement, le niveau du climat social.

Toutefois leur organisation, leur durée, leur compilation, leur coût en font souvent un instrument lourd pour l'entreprise. Qui plus est, leurs résultats sont souvent trop généraux, plus ou moins éclairants, surtout quand les pourcentages de participation sont faibles.

Grâce à un système en ligne, l'étude d'opinion va pouvoir être quasiment permanente et surtout plus précise dans la mesure où elle pourra plus facilement se réaliser pour tel ou tel type de service, de catégorie de salarié. Et surtout si ce « baromètre » permanent permet à chacun de s'exprimer librement, de poser des questions et d'obtenir des réponses.

La réactivité des entreprises devrait en être décuplée. Évidemment, ces études seront d'autant plus pertinentes qu'elles reposeront sur une éthique qui certifiera la confidentialité absolue de la démarche.

☞ **Remarque**

Des entreprises dont les salariés n'ont pas à utiliser au quotidien des ordinateurs mettent à leur disposition des bornes informatiques communes qui deviennent en l'occurrence de véritables outils d'accès à l'information, la formation (e-learning) et plus généralement au management.

Ces bornes permettent enfin de devenir un réceptacle permanent des questions que posent les salariés, voire, dans certains cas, des innovations imaginées par chacun.

Ces nouveaux espaces, dédiés au personnel, deviennent des lieux d'échanges, de convivialité, de vie professionnelle différents.

L'auto-évaluation

En complément de ces enquêtes d'opinion collective et somme toute, relativement dirigée, pourquoi ne pas demander au personnel de l'entreprise, comme cela se fait dans certains pays, comment tel salarié juge sa propre **performance** ? Des **études « miroir »** aident ainsi à mesurer le chemin à parcourir en interne pour mieux satisfaire aux objectifs et à définir les actions à mener pour parvenir au niveau de qualité voulu.

Ces auto-diagnostics peuvent s'imaginer à travers un questionnaire « en ligne » auto-administré et pouvant être comparé à un référentiel établi par l'entreprise. Les résultats de cette évaluation volontaire ne doivent être connus que par le salarié lui-même.

Les constats d'écart déclencheront d'autant plus de corrections qu'ils auront été faits par les intéressés eux-mêmes. Quand il s'agit d'objectifs concernant la qualité du service ou des relations avec les clients internes ou externes, ces résultats pourront être mis en regard de ceux d'une étude menée auprès de ces derniers.

Du « quoi faire » au « pourquoi faire ? »

Ces approches responsabilisantes renforcent la motivation des collaborateurs qui d'une part, disposent ainsi de **repères** et de **perspectives** pour leurs actions et, d'autre part, se sentent écoutés et plus impliqués dans l'élaboration des moyens pour atteindre les objectifs. C'est cette nouvelle logique que ce type de démarche participative contribue à instaurer dans les organisations, à l'opposé des schémas où chacun est chargé d'une tâche ou d'une mission sans toujours en connaître la finalité ultime ni avoir les moyens d'en évaluer l'impact. Il ne s'agit plus de créer les conditions d'une adhésion passive aux valeurs et aux objectifs de l'entreprise mais bien de faire en sorte que la satisfaction de chacun crée de la **proactivité**.

L'évaluation : une démarche partagée et régulière

Une logique d'objectifs

La **fixation des objectifs** et l'**évaluation de la performance** font aujourd'hui partie des basiques des pratiques RH pour la plupart des grandes entreprises, du moins le disent-elles. Il s'agit d'aligner les objectifs individuels sur les objectifs de l'entreprise. Par quels moyens ? Ces moyens existent et ont fait leurs preuves quand ils ont été mis en œuvre dans la durée : ce sont les **entretiens** dits « **d'évaluation** ». Réalisés en général une fois par an, plus souvent si nécessaire (entretiens *flash*, plus courts mais pouvant éviter les malentendus, ils permettent de faire un « rapport d'étape ») entre chaque collaborateur et son manager direct.

Ces entretiens d'évaluation sont considérés comme inutiles par certains responsables, quelquefois à des postes élevés dans l'entreprise, simplement car ces derniers considèrent qu'ils rencontrent quotidiennement les collaborateurs. D'autres pensent que ce sont des méthodes spécifiques à la fonction publique et d'une certaine façon dépassée dans un monde de « communication moderne ».

Ce sont évidemment ces types de managers et leurs équipes qui auraient le plus à tirer profit de ces entretiens, qui les obligeraient à se parler véritablement.

Ces entretiens d'évaluation sont sans doute « victimes » de leur simplicité, considérés comme « *has been* ». Pourtant, c'est bien cet aspect simple du dialogue qui les rend d'une richesse absolue.

Précisons que ces entretiens doivent être structurés, suivre une logique déterminée et faire l'objet d'un document écrit, signé par le collaborateur et son manager. En général, on y retrouve assez classiquement un descriptif de la mission dont on voit bien d'une année sur l'autre si elle évolue ou non, une série d'objectifs quantitatifs et/ou qualitatifs comprenant pour chacun d'entre eux un critère qui permettra d'apprécier s'il a été atteint et dans quelle mesure. Ensuite, des moyens sont affectés ou des préalables posés à l'atteinte de ces objectifs : outils, formations, budget, étude de faisabilité… Les souhaits de formation, d'évolution, de mobilité sont également notés.

La revue *Management*, nous apprend dans un article de Aurore Dohy que « pour aider les cadres dirigeants à mieux maîtriser ces tête-à-tête souvent fastidieux, la banque les forme en utilisant un jeu virtuel. Elle leur propose de s'entraîner à l'aide d'un simulateur, inspiré des techniques de jeu vidéo : 400 managers l'ont déjà expérimenté en 2005 ».

Un temps fort

Ce moment de rencontre formalisé doit véritablement constituer une occasion privilégiée d'**échanges** : très souvent, les interlocuteurs y découvrent des éléments qui n'avaient pas été verbalisés et qui pesaient de façon insidieuse sur la relation. C'est un moment de **dialogue** qui ne doit souffrir aucune perturbation ou interruption intempestive, tel qu'un appel téléphonique ou l'incursion d'un tiers, comme cela arrive encore trop souvent.

Ce doit également être un moment de **parler vrai**, franc. Finalement, à bien y regarder, de telles opportunités d'échanges dédiés et sereins sont rares (y compris finalement dans la sphère privée de chacun). Il faut donc profiter de cet acte de management pour mieux connaître l'autre, mais aussi le reconnaître à travers une **relation individualisée**. L'entretien d'évaluation est envers les cadres un rendez-vous classique : attention à ce que l'habitude ou sa sous-préparation ne le galvaude pas ! Chez les employés, il devient une chance unique mais encore trop rare qui va, par sa seule existence, **valoriser** son interlocuteur. C'est un « **trésor de management** » que les responsables ont sous leurs pieds sans toujours en avoir conscience. À signaler qu'il est préférable de dissocier cet entretien de celui, lorsqu'il est prévu, où sont abordées les questions d'augmentation de salaire.

Des bases de connaissances

Ces types d'entretiens ont avant tout été conçus comme des outils managériaux, nécessitant un mode d'emploi pour une mise en œuvre adéquate et efficace. Ils doivent évidemment être construits et conduits aussi dans la perspective de déboucher sur des actions précises, individualisées, acceptées, et pilotées le cas échéant avec le responsable des ressources humaines.

En effet, si l'entretien annuel ainsi **formalisé** est un progrès significatif pour connaître les attentes des collaborateurs, il n'a d'intérêt réel que si les conclusions, les **engagements** sont bien pris en compte, dans la mesure du possible. Trop souvent, les souhaits restent lettres mortes sans que l'intéressé sache vraiment pourquoi.

L'entretien d'évaluation ne doit pas devenir un « alibi » de management ou un élément de procédure dont la hiérarchie doit s'acquitter. Mieux vaut, dans ce cas, ne pas en faire !

Un enjeu essentiel

Selon une enquête réalisée auprès d'un échantillon de jeunes cadres de 25-30 ans par le journal *Challenges*[1], 75 % situent le respect de la hiérarchie et des procédures en tête des contraintes « qui leur pèsent le plus ». Bien évaluer devient donc plus essentiel que jamais.

Certaines entreprises n'hésitent pas à mettre en œuvre des **processus d'évaluation** de leurs managers, non seulement par leurs collaborateurs directs mais aussi leurs clients et leurs fournisseurs, internes et externes. Sans aller jusqu'à généraliser ce type de démarches **« à 360° »**, réservées à certains managers pour les aider à mieux gérer leur progression et celle de leurs équipes, on peut imaginer donner demain davantage de latitude aux salariés pour s'exprimer vis-à-vis de leur management et ainsi éviter des situations de conflit ou des frustrations.

Au-delà de l'entretien formalisé une fois par an, il convient d'encourager le **management de la performance** : le manager doit être formé à **complimenter** les membres de son équipe sur le travail effectué, à **recentrer** ses collaborateurs sur leurs objectifs de façon régulière et sans doute à leur **reconnaître le droit à l'erreur** lorsqu'ils prennent de nouvelles initiatives. Cette performance individuelle doit logiquement être rémunérée, sur des bases clairement établies et connues de tous, sous forme d'augmentations ou de bonus pour chaque catégorie de salariés.

1. « Génération donnant-donnant », 9 octobre 2003.

La formation et le développement professionnel

Nous n'allons pas développer ici l'importance et les vertus évidentes de la formation, pour la gestion des carrières et la fidélisation, dans une période où l'employabilité est demandée par tous et où les changements de métiers dans une vie professionnelle seront de plus en plus fréquents. Mais au moment où une loi renforce le rôle de cette fonction essentielle dans l'entreprise, nous souhaitons souligner les éléments nécessaires à son efficacité.

Gravir les marches de l'escalier professionnel demande, pour le salarié, à la fois une part importante de travail mais également de l'implication et de la motivation. Il faut aussi qu'au niveau de l'entreprise plusieurs conditions soient remplies en matière de formation :

- L'entreprise doit être « apprenante » c'est-à-dire qu'elle doit être un lieu où les salariés acquièrent toujours plus de connaissances, de compétences et de professionnalisme, et où ils exercent et maîtrisent leur métier de mieux en mieux.
- Les formations ne peuvent pas se réaliser sans préparation préalable. Elles doivent être l'expression d'un projet qui reflète à la fois les besoins de l'entreprise et ceux du salarié.
- Les formations doivent être qualifiantes et permettre de capitaliser les connaissances acquises dans la pratique.
- Il doit exister une reconnaissance du développement personnel et professionnel et cela doit se traduire par une évolution de carrière.

« Acteurs »

La chaîne hôtelière Ibis a mis au point un programme de formation qualifiante en Europe, baptisée « Acteurs ». Fondée sur un CD-Rom d'autoformation, la méthode permet aux employés de se former à d'autres métiers que celui qu'ils exercent. Un réceptionniste peut ainsi acquérir les compétences d'un barman, puis se doter d'un troisième, voire d'un quatrième niveau de compétence. Cette extension de compétences entraîne des incidences positives sur son salaire, ses responsabilités et l'accès à de nouvelles fonctions, concrétisant ainsi son évolution professionnelle.

L'innovation sous toutes ses formes

Du collectif à l'individuel

Cette meilleure connaissance des attentes et de l'évolution du potentiel de chaque collaborateur va permettre d'apporter du carburant à ce qui va devenir le moteur des entreprises les plus performantes : **l'innovation sociale**. Historiquement, les organisations qui se sont montrées leaders dans ce domaine ont su faire la différence sur le marché. Ce fut le cas, dans l'industrie automobile de Ford – ce qui donna naissance à l'expression de « fordisme » –, puis de Renault après-guerre – dans un cadre il est vrai étatique – et dans les années 1970 de Volvo, ou encore plus tard de Toyota. Dans la grande distribution, Ikéa a aussi été innovateur. Des entreprises moins connues ont, elles aussi, su innover socialement pour animer la relation avec leurs collaborateurs et gagner en dynamisme. Mais cette innovation sociale était le plus souvent collective, concernant tout le personnel ou une catégorie dans son ensemble. Elle répondait avant tout à la nécessité d'augmenter la productivité, sans nécessairement prendre en compte les aspirations plus personnelles des employés. Aujourd'hui, l'innovation sociale doit de plus en plus intégrer cette dimension individuelle : elle doit donc être plus personnalisée.

Des innovations de tout ordre seront à la mesure de la créativité des directeurs des ressources humaines. La créativité était une qualité peu requise pour ce type de fonction. Le profil des DRH va devoir évoluer.

Nous ne prendrons dans cet ouvrage que quelques exemples d'innovations inédites ou qui seront redécouvertes à l'aulne d'un nouvel environnement. Aux directeurs des ressources humaines et à leurs partenaires d'innover de façon concertée dans un champ extrêmement étendu.

Ces innovations feront cette différence qui, dans un monde uniformisant, va devenir une ressource rare.

Rémunération : innovations à tous les étages

Pour compenser l'absence de plus-value des *stock-options* distribuées à leurs salariés, en raison de la baisse des cours, des entreprises de nouvelles technologies ont mis en œuvre des plans d'attribution d'actions, distribuées aux salariés les plus performants. D'autres rachètent les plans de stocks « descendus sous le plancher » pour leur en proposer un plus avantageux. Certaines encore vont jusqu'à attribuer des stock-options à l'ensemble de leurs collaborateurs, dès l'embauche, avec la possibilité d'augmenter leur réserve sur la base de leur entretien d'évaluation annuel.

D'autres sociétés envoient à leurs clients un questionnaire personnalisé, dépouillé par un cabinet extérieur, qui vise à mesurer la satisfaction de ceux-ci par rapport à l'offre de l'entreprise et à la qualité de ses intervenants. Le montant des bonus annuels est déterminé à partir des appréciations des clients. Et la part des bonus dans la rémunération globale augmente avec le niveau hiérarchique…

☞

> Plus original, des entreprises américaines accordent une prime à leurs employés qui prennent soin de leur santé, en participant par exemple à des programmes de prévention de maladies chroniques, comme le diabète ou les affections cardio-vasculaires. Aux États-Unis toujours, une entreprise incite ses cadres surmenés – et donc contre-productifs – à consacrer davantage de temps à leur vie privée. Ceux qui limitent leur temps de travail à 50 heures maximum se voient remettre une prime qu'ils doivent dépenser pour leurs loisirs… Restent à trouver des transpositions « à la française » ou « à l'européenne » !

La redynamisation du dialogue social

La mise en œuvre d'une politique créative de marketing RH est l'opportunité, sur des bases nouvelles, d'associer les partenaires sociaux dans la recherche **d'innovations mutuellement profitables** pour l'entreprise et ses salariés. Il s'agit de s'inscrire dans une nouvelle dynamique, par-delà la gestion des conflits, en travaillant ensemble à une meilleure cohésion sociale autour d'une image-employeur renforcée.

Comment devenir un employeur de référence grâce à l'ensemble des acteurs de l'entreprise ? Les relations constructives et durables participent elles-mêmes à un développement harmonieux et à un climat social positif. Dans un contexte de mondialisation très concurrentiel, ce type de développement axé sur ce registre de dialogue gagnant/gagnant est un élément de cohésion mais aussi de différenciation sociale. L'obligation de ce dialogue permanent nécessaire à la recherche de cette innovation sociale devrait naturellement permettre d'anticiper des conflits potentiels et, s'ils se déclarent, d'y apporter plus rapidement des solutions concertées. Dans une Europe élargie, à la recherche de modèles et de repères communs, particulièrement en matière sociale, ce *modus operandi* innovant peut être en soi un **élément fédérateur** pour des acteurs dont les cultures nationales ralentissent le rapprochement.

Bien sûr, cette évolution ne pourra réussir qu'à condition de renoncer à des postures d'opposition ou d'obstruction *a priori*, de part et d'autre.

Le changement de temps et d'espace

L'innovation va toujours essentiellement porter sur la façon de concevoir le travail dans l'entreprise. Déjà, nombre d'entre elles ont adopté les **horaires variables**, non pas seulement en fonction des impératifs de la production, mais dans le souci de faire correspondre ces impératifs avec les souhaits des salariés. D'autres ont abandonné la notion d'horaires de travail pour ne se concentrer que sur le **respect des objectifs** et le résultat.

Spray

C'est en tout cas ce que déclaraient les dirigeants de Spray en France, société suédoise fondée en 1995 qui avait dû, à sa création, faire face à une pénurie de personnel dans le domaine très concurrentiel des nouvelles technologies.

« Un projet passionnant, une croissance spectaculaire, de bons salaires et des stock-options pour tout le monde, ce n'était pas assez. Il fallait quelque chose de plus », expliquait à *Management*, le président de Spray France[1].

Non seulement les bureaux sont conçus pour ne pas ressembler à des bureaux, mais rien n'empêche un collaborateur d'aller se détendre ou se reposer durant ce que, dans une entreprise traditionnelle, on appelle « les heures de bureau ». Paradoxalement, ce type d'approche n'est possible que dans les entreprises où le management n'est pas un vain mot. Ces innovations

1. « La vie de bureau comme vous l'aviez rêvée », juillet 2000.

ne doivent pas être des gadgets ou des faux semblants. Elles ne peuvent pas remplacer les fondamentaux de l'entreprise en jetant de la poudre de management pseudo-innovant aux yeux des salariés.

Univers Informatique ou comment anticiper les évolutions

Souvent citée comme entreprise socialement innovante, la société de services informatiques, Univers Informatique, créée au début des années 1990, a été organisée d'emblée pour permettre à son personnel d'adopter une grande souplesse dans sa façon de travailler. Alors que les technologies de communication n'étaient pas aussi performantes qu'aujourd'hui, elle s'est dotée d'un réseau permettant à chacun de se connecter à distance et de travailler avec ses équipes grâce à des **outils de travail collaboratifs**. Et les bureaux, loin d'être « rationalisés », ont été aménagés de façon conviviale, avec par exemple une salle de billard. Cette convivialité affichée et correspondant bien au mode de management adopté a rendu cette entreprise particulièrement attrayante pour des potentiels qui auraient pu préférer exercer leurs talents dans de grandes SSII. Et cette entreprise a été une des plus performantes du secteur.

Le télétravail

Ces innovations seraient-elles réservées aux entreprises de l'ex « nouvelle économie », du secteur de l'informatique et des nouvelles technologies ? Sans doute pas. Les technologies, notamment avec Internet et autres téléphones portables, sont aujourd'hui accessibles au plus grand nombre. Le développement des services et des prestations de type intellectuel, par rapport aux activités de production industrielle, élargit le champ des possibilités.

Prenons comme exemple « emblématique » d'innovation sociale, le **télétravail**. Tout a été dit et écrit depuis longtemps sur ce phénomène qui continue pourtant encore à susciter une abondante littérature. Pour résumer le propos et surtout le ramener au sujet de cet ouvrage, la mise en œuvre de cette innovation sociale – systématique et non marginale – n'est-elle justement possible qu'à partir du moment où une démarche marketing RH préexiste dans l'entreprise ?

Les pré-requis à la réussite de la mise en œuvre du télétravail – tels qu'ils ont été identifiés et validés à travers de nombreuses expériences – sont beaucoup plus faciles à obtenir dans ces conditions. En effet, les freins au télétravail proviennent traditionnellement, outre des habitudes managériales, de ce que l'entreprise ne sait pas toujours bien apprécier la loyauté de ses salariés. Plus généralement, ce type d'innovation se heurte au fait que l'organisation a été conçue non à partir des aspirations de chacun mais pour imposer une règle commune au plus grand nombre.

Mais à partir du moment où l'entreprise demande à ses employés des résultats plutôt que de se conformer d'abord à des horaires fixes de présence, qu'elle a fait tout le travail amont, que nous avons décrit, de définition précise de la mission de chacun, de détermination et de suivi d'objectifs, de mesure de satisfaction (et de motivation), tous les **pré-requis** sont réunis pour permettre le télétravail, dans la mesure où l'intéressé(e) le souhaite. Une autre erreur serait de considérer le télétravail comme un aboutissement, plutôt que comme une étape transitoire. Dans le cadre de la recherche d'un meilleur équilibre entre vie privée et vie professionnelle – souhaité aujourd'hui par un grand nombre de salariés – le télétravail correspond bien au moment de la vie où, les enfants étant en bas âge, on souhaite leur consacrer davantage de temps, voire vivre avec eux loin de la ville. Quand ces enfants grandissent, que le rapprochement avec le collège, le lycée puis l'université devient nécessaire, c'est un autre cycle qui commence, mais entre-temps le télétravailleur peut aussi se voir proposer une nouvelle mission nécessitant une présence plus importante au siège de l'entreprise. Tout cela doit être convenu avec l'entreprise, en fonction de différents scénarii possibles.

Dans son livre *Le Télétravail*[1], Patrick Duncombe nous rappelle que « le rapport publié en 2005 par la Délégation interministérielle à l'aménagement et à la compétitivité des territoires cite le chiffre de 440 000 télétravailleurs salariés (selon les chiffres du ministère de l'Emploi, du Travail et de la Cohésion Sociale, direction de l'animation de la recherche des études et des statistiques - DARES) exerçant à domicile, soit 2 % de la population salariée en France. Ce pourcentage apparaît faible en Europe, surtout en comparaison avec des pays nordiques qui connaissent des taux de l'ordre de 25 %. »

Patrick Duncombe nous apprend également « qu'en 2006, chez France Télécom la démarche de télétravail, d'expérimentale s'est généralisée et concerne 15 000 collaborateurs. Important : cette mise en œuvre s'est accompagnée d'un programme de formation pour les managers afin de les aider à animer leur équipe à distance ».

La possibilité de partir

Cette **gestion prévisionnelle** des évolutions de carrières, qui a dans le passé souvent montré ses limites, ne sera-t-elle pas justement facilitée par l'approche marketing des ressources humaines ? Logiquement, elle le devrait. Ces évolutions seront sans doute moins linéaires que par le passé, du fait notamment du raccourcissement des cycles économiques qui oblige les entreprises à davantage de souplesse. Mais sans doute les salariés l'accepteront-ils d'autant mieux que des

1. *Le Tététravail*, Demos, 2006.

solutions alternatives pourront alors leur être proposées pour mener d'autres projets socialement innovants.

D'ores et déjà des entreprises permettent à leurs employés de prendre des **congés sabbatiques** pour se consacrer à un projet personnel ou à une cause humanitaire Des PME acceptent de pratiquer le **multi-salariat**, autrement dit de partager des ressources avec d'autres entreprises, d'autres vont plus loin en « échangeant » durant un temps des collaborateurs qui ont ainsi l'opportunité d'élargir leur champ de vision et d'en faire bénéficier leur entourage professionnel, dans un sens et dans l'autre. D'une façon générale, l'objectif est de donner aux individus les moyens de leur évolution, d'abord dans le cadre de l'entreprise mais, pourquoi pas à terme, à l'extérieur.

Le paradoxe n'est-il pas que ce sont les entreprises capables d'apporter cette liberté qui auront le plus de chance de fidéliser durablement leurs employés, alors que celles qui ne prendront pas ce risque calculé auront toutes les chances de voir partir les meilleurs à la première occasion !

Le développement personnel et professionnel

L'exigence de la formation

La notion de programme de fidélisation, appliquée à la gestion de la relation client, peut être définie comme l'ensemble des actions, incluant la réflexion préalable, visant à rendre des clients plus actifs (en termes de consommation) et à pérenniser la relation préférentielle entre ces clients et l'entreprise. Transcrite en termes de marketing RH, cette notion qui s'applique alors aux collaborateurs de l'entreprise englobe l'ensemble des actions de motivation telles que nous venons de les évoquer à travers les différentes formes de participation notamment, mais aussi et de plus en plus la **formation** et le **développement personnel**.

Pourquoi ? D'abord pour une raison très simple : outre que cette formation est indispensable à l'amélioration du potentiel de chacun au service de l'entreprise, elle est pour les éléments les plus dynamiques un pré-requis à leur investissement durable au sein de celle-ci. Car, nous l'avons vu, chacun a compris que, pour réussir un parcours professionnel dans un environnement économique et social en perpétuel changement, il était indispensable non seulement d'affiner en permanence ses compétences mais d'en acquérir de nouvelles.

Fait nouveau : cette évolution qui autrefois pouvait prendre des dizaines d'années, est aujourd'hui extrêmement rapide, notamment dans les secteurs de pointe et de nouvelles technologies. C'est pourquoi aussi l'entreprise est investie par ses salariés de la responsabilité de les former en permanence, faute de quoi ils ne sont plus prêts à lui consacrer leur travail, sachant qu'il n'aura plus de valeur demain sur le marché.

Formation au long cours

Cité par *Le Monde*[1], Michel Théry du Céreq[2] déclare :

« Les difficultés que vont rencontrer les entreprises sur un marché du travail de plus en plus tendu par la baisse démographique de la main-d'œuvre qualifiée devraient renforcer les effets promotionnels de la formation. »

La réforme de la formation professionnelle adoptée par le Parlement en 2004 crée un droit individuel à la formation.

☞

1. « Le droit à la formation reste à négocier », 2 mars 2004.
2. Centre d'études et de recherche sur les qualifications.

Formation au long cours *(suite)*

À l'instar des dispositifs de validation des acquis de l'expérience, dont l'objectif est de conduire les salariés vers une qualification supérieure, le salarié de retour de formation devra se voir proposer par l'entreprise une mission correspondant à sa nouvelle qualification.

La nouvelle loi, qui ouvre un nouveau champ de négociation entre employeurs et salariés, n'offre-t-elle donc pas la possibilité d'inventer des relations plus dynamiques, mutuellement valorisées, avec notamment la mise en place de passeports formation, une individualisation accrue de ces formations – avec des parcours individuels de formation –, l'évaluation de celles-ci... ? Des entreprises mettront en place de véritables « centres des métiers » pour pouvoir assurer les formations et les évaluations correspondantes.

Gageons que l'« offre formation » des entreprises deviendra un élément de différenciation fort, non seulement pour attirer et fidéliser les salariés les plus motivés, mais aussi pour animer ses relations avec eux tout au long de leur cursus dans l'entreprise.

La cohérence

La deuxième raison pour laquelle l'entreprise doit mettre en place des programmes de développement personnel et professionnel est que sa performance sur son marché dépend de plus en plus de sa capacité à créer de la cohérence dans le fonctionnement de ses équipes, alors que leur organisation doit sans arrêt s'adapter aux besoins nouveaux de ce marché. Cette re-création permanente passe par l'apprentissage de techniques de **management par projet**, par exemple, mais nécessite aussi de développer chez chaque collaborateur un certain nombre de **qualités relationnelles et comportementales** qu'il ne possède pas toujours d'emblée.

C'est donc bien à partir d'un diagnostic préalable, réalisé selon les méthodes d'évaluation que nous avons déjà évoquées, ou dans le cadre d'un **bilan de compétences** comme nous le verrons plus loin, qu'un programme de développement personnel pourra être engagé, avec des objectifs précis pour l'entreprise et son collaborateur. C'est là aussi un apport de la démarche marketing RH : faire en sorte que le développement personnel soit utile et pertinent, correspondant à la fois aux besoins de l'entreprise et à ceux du collaborateur.

Cette adéquation n'a pas toujours été respectée dans le passé, conduisant les directions des ressources humaines à ne réserver ces programmes qu'à certains profils et des salariés à suivre ces programmes à défaut d'une formation technique ou professionnelle qui leur était, elle, refusée mais qui pourtant aurait été beaucoup plus profitable pour tout le monde. Ce type de dérive n'a plus lieu d'être. Le développement personnel n'est plus un gadget ni un luxe inutile, il s'intègre dans un parcours balisé qui comprend aussi de la formation professionnelle. Il s'agit donc de construire un programme mixte.

Dans le cadre de ce programme, les outils mis en œuvre sont évalués à la fois par la DRH et par chacun des collaborateurs auxquels est demandé un retour d'informations, de façon à juger de la pertinence de la méthode ou du cursus retenus. L'ensemble de ces informations alimente la **base de connaissances** de la DRH et lui permet à terme, en fonction du profil de chaque collaborateur, de jouer un rôle actif et plus pertinent de conseil dans le choix des formations et des stages. On l'aura compris, rien ne doit être « laissé au hasard », car ni l'entreprise ni ses salariés n'ont d'argent et de temps à perdre dans la course au mieux savoir-faire et savoir-être.

Le bilan de compétences

Un outil à optimiser

N'est-il pas étonnant que l'on n'ait recours au **bilan de compétences**, dans la très grande majorité des cas, que dans une perspective d'*outplacement*, autrement dit au moment où l'entreprise envisage de se séparer de son collaborateur et souhaite l'accompagner dans une démarche de recherche d'un nouvel emploi ?

Le bilan de compétences vise en effet à évaluer l'ensemble des potentialités d'une personne, à la fois sur le plan professionnel en référençant l'ensemble des connaissances, des savoirs et des expériences de l'individu, et sur le plan comportemental, voire émotionnel. Ce bilan vise donc aussi à connaître des qualités plus intrinsèques à la personne, qui vont faire qu'elle trouvera son épanouissement dans tel domaine plutôt que tel autre, qu'elle devra le cas échéant travailler sur tel aspect de sa personnalité si elle souhaite progresser dans une direction déterminée. C'est pourquoi, s'il est bien fait, ce bilan de compétences est très utile, très instructif et peut servir généralement à celles et ceux qui cherchent à se réorienter sur le plan socio-professionnel.

Dès lors, ne serait-il pas souhaitable que ce bilan se fasse non pas du côté de la sortie, mais à chaque fois qu'un collaborateur, bien intégré dans une entreprise, est confronté à la question de sa réorientation, soit qu'il estime « avoir fait le tour » de sa mission, soit que sa fonction dans l'entreprise n'ait plus lieu d'être en raison par exemple d'une réorganisation ? Comme nous l'avons déjà évoqué, l'entreprise manque trop souvent d'outils pour bien connaître ses salariés et être en mesure de leur proposer une évolution correspondant à la fois à ses objectifs et à leurs souhaits. Si les actions de marketing RH sont bien opérées, dès la phase de sélection et de recrutement et tout au long de l'intégration grâce, notamment, à une évaluation régulière ; cette méconnaissance devrait, certes, tendre à disparaître. Pourquoi dès lors se priver de cet outil très riche – mais sans doute encore trop coûteux –, le bilan de compétences, dans le cadre d'une **démarche commune de progrès** entre l'entreprise et ses collaborateurs ?

Reprendre confiance

Le paradoxe est qu'à l'heure actuelle, les entreprises qui participent pourtant au financement de ces bilans, n'ont pas accès à leurs résultats. Cet état de fait est sans doute révélateur du manque de **confiance**. Sans faire preuve d'angélisme ou de naïveté, osons tout de même proclamer que cette vision du monde du travail devrait pouvoir être dépassée, ce qui nécessite une volonté de part et d'autre.

Aujourd'hui, le bilan de compétences permet à un salarié d'avoir une meilleure **visibilité** de ses points forts et de ses points d'amélioration. Il est censé lui permettre de choisir la meilleure orientation possible sur le plan professionnel. Ce bilan de compétences ne produit pas tous ses effets dans la mesure où, nous l'avons vu, il est perçu le plus souvent par l'employeur comme un signe que son collaborateur songe à le quitter, et *a contrario* n'est suggéré par l'entreprise au collaborateur que dans une perspective de séparation.

Dans la réalité, il révèle des éléments d'information précieux qui, connus par l'employeur, auraient pu lui permettre de prendre conscience de **potentialités** ignorées, souvent utiles et même décisives pour une **réorientation** de son salarié. Intégrer le bilan de compétences revient à ne pas le considérer comme une dépense, certes obligatoire, consentie pour des salariés sur le départ, mais comme un investissement pour déterminer si une réorientation, au sein de l'entreprise, n'est pas finalement plus profitable qu'une séparation, fût-elle à l'amiable. Dans la pratique, cela signifie que le bilan de compétences devrait être débarrassé de sa connotation négative pour être réintégré dans le **programme d'animation** du collaborateur. Le chantier là encore est prometteur car il correspond bien à une évolution des relations entre l'entreprise et ses salariés. De façon très concrète, il ouvre aussi des perspectives sur ce que l'on appelle l'**employabilité** de chacun.

Vers un dossier professionnel « portable » ?

Cette employabilité n'est-elle pas aujourd'hui difficile à évaluer justement, notamment en cas de changement d'employeur ? Déjà, nous l'avons vu, des entreprises peuvent considérer que certains de leurs salariés ne sont plus employables parce qu'ils ne disposent pas de toutes les données utiles pour en juger réellement.

Que dire alors du nouvel employeur potentiel qui doit former son appréciation sur des éléments aussi réducteurs qu'un *curriculum vitae*, une lettre de motivation et confirmer son choix par un ou plusieurs entretiens, voire une batterie de tests pour les « hauts potentiels » ?

Sans compter le coût généré par ce recrutement – voir le chapitre 3 –, quand un individu aura eu en charge différentes missions dans une ou des entreprises, qu'il aura entre-temps décidé de se consacrer à un projet plus personnel, qu'il aura suivi des formations, souvent pointues… comment imaginer mesurer toute la **richesse de son expérience**, de ses qualités réelles, de ses défauts éventuels, si on ne dispose pas d'éléments plus précis sinon exhaustifs ?

Il pourrait être envisageable, au sein d'une entreprise, de répertorier ce type d'informations. Mais comment faire en sorte que le salarié en question, s'il quitte l'entreprise, puisse se prévaloir de cette expérience connue et reconnue par son ancien employeur ?

Un **passeport professionnel** pourrait-il voir le jour ? La technologie est prête, les mentalités sans doute pas. On peut difficilement parler d'employabilité sans donner à chacun non seulement les moyens de recréer en permanence cette employabilité pour soi et pour les autres, mais aussi les moyens de la prouver. Qu'on le veuille ou non, une personne qui quitte une entreprise et se retrouve à la recherche d'un emploi ne jouit pas d'une position avantageuse face à de nouveaux employeurs possibles. Dès lors, faut-il s'étonner que les éléments les moins dynamiques hésitent à prendre le risque du changement, tandis que les plus autonomes saisissent au contraire la meilleure occasion, dès qu'elle se présente, s'ils estiment que leur entreprise ne leur garantit pas le niveau d'employabilité maximal ?

La validation des acquis par l'expérience, une réponse à la qualification

La VAE : qu'est-ce ?

La **validation des acquis par l'expérience** suppose de suivre une procédure pour faire évaluer et reconnaître l'expérience acquise. Reconnue par le Code du Travail, la VAE permet de faire reconnaître cette expérience (professionnelle ou non) afin d'obtenir un diplôme, un titre ou un certificat de qualification professionnelle. Diplômes, titres et certificats sont ainsi accessibles grâce à l'expérience (et non uniquement par le biais de la formation initiale ou continue), selon d'autres modalités que l'examen.

Le 27 juin 2006, le ministre délégué à l'emploi, au travail et à l'insertion professionnelle des jeunes, a présenté un plan pour simplifier les procédures de VAE.

L'**évaluation** de l'expérience consiste à rassembler différents modes de preuves destinées à démontrer l'expérience acquise et son lien direct avec le contenu du titre ou diplôme visé.

Attention ! Encore faut-il que cette reconnaissance débouche sur une évolution professionnelle effective et justement rémunérée au sein de l'entreprise. À défaut, c'est le risque de voir ces validations acquises profiter aux entreprises concurrentes. C'est pourquoi il est important de favoriser la VAE dans une perspective de gestion de l'évolution des compétences nécessaires, en anticipant les besoins à venir.

Selon un bilan national réalisé en février 2004 par la Délégation générale à l'emploi et à la formation professionnelle du ministère des Affaires sociales, cité par *Entreprises & carrières* en mai de la même année, trois grandes typologies de stratégies ou de mobiles individuels existent :

– La VAE est un instrument de mobilité professionnelle. Cette démarche positive est un moyen d'officialiser ses réussites personnelles et professionnelles.

– Elle représente un outil de maintien dans l'emploi (protection sociale, gestion du risque).

– Elle est un instrument de reconnaissance personnelle (processus de réparation après les échecs du passé).

Les questions fréquemment posées[1]

- *J'ai une expérience professionnelle y compris bénévole justifiée, je souhaite obtenir un diplôme.*

Oui, c'est bien ce à quoi peut vous conduire la VAE.

Les diplômes professionnels (c'est-à-dire conduisant à un métier) peuvent être obtenus par VAE. Mais attention, afin de garantir leur valeur (qui doit être la même que ceux acquis par la formation), il faut respecter certaines conditions, suivre une procédure. Dans tous les cas, un jury apprécie la demande et la valide.

La loi vous reconnaît donc un droit à faire valider votre expérience en vue d'obtenir un diplôme mais non un droit (automatique) au diplôme.

- *À quelles conditions puis-je accéder à la VAE ?*

Il faut justifier d'une expérience d'au moins trois ans (dans certains cas, cela peut être plus) en continu ou discontinu dans une activité salariée, non salariée ou bénévole justifiée en rapport direct avec le contenu du titre ou diplôme visé.

Certains diplômes ou parties des diplômes peuvent être exclus de la VAE, dans ce cas un décret du ministre concerné doit le préciser.

Attention ! Si vous avez un diplôme et que vous voulez en obtenir un autre – sans qu'une expérience professionnelle (conforme aux critères ci-dessus) soit intervenue – vous ne pouvez accéder à la VAE (excepté pour un diplôme de l'enseignement supérieur).

1. Ces questions/réponses figurent sur le site : www.travail.gouv.fr

- *Quels diplômes sont accessibles par la VAE ?*

La loi ouvre l'accès par VAE à tous les types de certifications professionnelles : diplômes, titres à finalité professionnelle délivrés par l'État ou par des organismes privés, certificats de qualification des branches professionnelles

Les cas plus courants sont :

– Les diplômes technologiques et professionnels de l'Éducation nationale : CAP, BEP, Bac Pro, BTS…

– Les diplômes de l'enseignement supérieur dont les diplômes d'ingénieur.

– Les diplômes des ministères chargés de la Jeunesse et des Sports (par exemple, BEATEP).

– Les diplômes du ministère de l'Agriculture.

– Les diplômes des ministères chargés des Affaires sociales et de la Santé.

– Les titres du ministère de l'Emploi (Afpa et centres agréés).

- *Que puis-je obtenir par la VAE ?*

Vous soumettrez l'appréciation de votre expérience professionnelle à l'évaluation par un jury dont la décision est souveraine.

Le jury pourra également observer ce que vous savez faire dans la (ou les) situation(s) de travail concernée(s) par le métier visé par la certification.

Il pourra aussi s'entretenir avec vous, s'il le souhaite ou si vous-même le souhaitez.

L'entretien est obligatoire pour les certifications de l'enseignement supérieur.

- *Qui va prendre en charge les frais liés à la validation ?*

La VAE s'inscrit dans le cadre du Livre IX du Code du travail. C'est-à-dire qu'elle est financée par les différents acteurs qui participent à l'effort collectif de formation professionnelle continue : État, régions, Opacif, OPCA…

Les entreprises peuvent intégrer dans leur participation obligatoire à l'effort de formation le coût de la VAE pour leurs salariés

Attention ! Ne pas confondre la VAE avec l'équivalence de titres ou de diplômes : chaque autorité délivrant des titres ou diplômes décide des équivalences entre tel ou tel de ses propres diplômes et ceux d'autres autorités. Il convient de s'adresser dans ce cas au Service des équivalences de l'autorité certificatrice (par exemple, le Rectorat pour les diplômes du ministère de l'Éducation nationale ou pour l'enseignement supérieur, le Service des équivalences de l'université).

Le transfert de compétences

Pourquoi le bilan de compétences ne serait-il pas complété par du ***coaching***, utilisé selon les cas pour permettre au salarié de se repositionner en interne ou de poursuivre sa carrière dans une autre entreprise ? Aujourd'hui cette démarche trouve son ébauche avec l'***outplacement*** de cadres supérieurs.

Les notions de « coaching », de tutorat vont forcément évoluer et s'amplifier dans l'entreprise. De nombreuses personnes, notamment les seniors, qui ont quantité d'expériences à « revendre » sont bien souvent relégués à des postes qui ne leur permettent pas de transférer leur savoir-faire, leur sens relationnel, leur connaissance des organisations. Et sans parler de coaching au sens très précis et professionnel du terme, l'entreprise va devoir profiter de ces expériences diverses en fonction des besoins des salariés en difficulté ou des jeunes arrivants qui manquent de repères pour mieux travailler.

Ces tuteurs, ces coachs, sont évidemment, aussi, une « mine » pour développer l'apprentissage qui ne doit plus être assimilé aux « petits métiers », aux travaux manuels, mais devenir un élément de base dans une entreprise qui va être en permanence « apprenante ».

Et finalement cette valence de coaching sera une qualité de plus en plus indispensable au responsable dont le management et la relation évolueront face à des salariés qui accepteront de moins en moins la hiérarchie d'un « petit chef tatillon ».

Un dossier du mois d'octobre 2003 du *Nouvel Observateur*[1] révèle que :

> *« C'est très souvent le chef, bien plus que l'entreprise, qui fait la plus ou moins grande satisfaction au travail. »*

Capital, pour sa part, révèle en mai 2004 que :

> *« Selon une étude réalisée par le cabinet DDI auprès d'un échantillon de 1 100 cadres, 53 % des départs sont dus à un mécontentement vis-à-vis de son chef. 30 % mettent en avant la difficulté d'équilibrer vie privée et vie professionnelle, 28 % l'absence de promotion, 5 % seulement la rémunération. »*[2]

De la relation salariale à la relation entreprenariale

Un passage délicat

De l'employabilité à l'entreprise de soi et à la création de sa propre société par un salarié, il n'y a qu'un pas. Mais ce pas est difficile à franchir et aussi à réussir comme le prouvent les

1. « Le premier classement du bonheur au travail ».
2. « Le chiffre du mois».

statistiques. Évidemment, on ne peut pas tenir une entreprise pour responsable de l'échec de ses anciens collaborateurs dans leur **projet entreprenarial**. À plusieurs égards, n'est-il pas important pour l'entreprise de favoriser, autant que faire se peut, la réussite des entreprises de ses collaborateurs ?

Déjà, de grands groupes ont mené avec succès ce type de démarche, en externalisant certaines de leurs activités et en donnant les moyens aux anciens collaborateurs prenant en charge celle-ci de la mener à bien. Nous n'entrerons pas ici dans les détails techniques de ce type d'opérations à plus ou moins grande échelle, une abondante littérature étant disponible sur le sujet. Notre propos, là encore, est d'examiner en quoi une entreprise peut multiplier les chances de succès de ces opérations, qui englobent bien évidemment au premier chef la création pure et simple d'une activité nouvelle par un ancien salarié.

Les moyens de la réussite

Permettre à ses collaborateurs de créer leur propre entreprise n'est évidemment pas une fin en soi, ce n'est qu'un des scénarii d'évolution possibles. Simplement, ce scénario doit être prévu à l'avance, faire l'objet d'un consensus et ses chances de réussite doivent être évaluées objectivement. Or souvent l'entreprise donne « simplement » les premiers moyens matériels de créer leur entreprise à ses employés qui en acceptent l'augure. Elle ne dispose pas d'**indicateurs pertinents** sur la capacité réelle de ceux-ci à « manager » leur projet, n'apporte pas d'aide particulière en termes d'**étude de marché**, n'examine pas toujours sérieusement les synergies possibles et imaginables à court et moyen terme. Parfois, le collaborateur bénéficie d'un congé pour création d'entreprise avec une **clause de réversibilité** en cas d'échec mais là encore, l'entreprise pourrait jouer un rôle de conseil et envisager éventuellement le retour possible de l'employé prodige.

Une autre logique consiste à faire en sorte que la relation initiée et consolidée avec le salarié au sein de l'entreprise puisse être prolongée sous une autre forme. De même que l'entreprise a accompagné son salarié dans son développement professionnel, bénéficiant au passage de son apport de compétences pour la réalisation de ses projets, de même elle va l'aider à réussir son propre projet entreprenarial. Là encore, tout le travail de qualification et d'évaluation réalisé en amont va aider à déterminer si le salarié en question dispose des qualités d'autonomie, de prise de risque, relationnelles, managériales requises pour « se lancer » et le cas échéant de prévoir une meilleure préparation grâce à une formation *ad hoc*.

De plus, un tel projet s'inscrit naturellement dans le plan d'évolution souhaité par le salarié et négocié avec l'entreprise dans le cadre d'un programme pluriannuel. Autrement dit, cette création est l'aboutissement d'une collaboration commune et non un « pis aller » ou dans le meilleur des cas une « porte de sortie » imposée par les événements. Si ces conditions préalables sont respectées et la démarche validée, elle a beaucoup plus de chances de réussir. Dès lors peuvent être envisagées différentes sortes de partenariats, le salarié entrepreneur devenant un fournisseur privilégié de son ancien employeur, le temps de développer sa clientèle, ou encore un partenaire dans le cadre du développement ou de la commercialisation de produits ou de services...

Une autre relation

La différence essentielle entre une telle évolution et les pratiques d'**essaimage** ou d'**externalisation** habituelles est qu'elle repose sur une évaluation sérieuse et réciproque des chances de succès. On l'aura compris, il ne s'agit plus de faire appel à un cabinet extérieur d'*outplacement* ou d'entreprendre des négociations lourdes pour externaliser un service, avec bien souvent comme objectif de résoudre un problème conjoncturel de ressources humaines, mais de faire en sorte que la **relation gagnant/gagnant** instaurée avec ses collaborateurs se poursuive par-delà le contrat salarial initial. Des agences commencent à aller dans ce sens, au-delà de leur activité d'*outplacement,* pour mesurer la viabilité de cette démarche entreprenariale.

De nouveaux enjeux : notation sociale, prévention des crises…

Le capital humain

Comme le déclarait à *L'Expansion* Geneviève Férone, fondatrice du cabinet de **notation sociale** Arèse, en mars 1999 :

> *« Si le capital humain était inscrit au bilan, on y ferait un peu plus attention. »*

Plusieurs entreprises ont fait apparaître des éléments d'appréciation de ce capital dès la fin des années 1990.

> En France, Grand Vision a été la première à le faire en publiant plusieurs indices dans son rapport annuel, concernant la motivation du personnel ou le baromètre d'opinion interne.
>
> Sanofi-Synthélabo a quantifié pour sa part toutes les **pratiques sociales** qui peuvent l'être et dresse un **comparatif** avec ses concurrents français et étrangers. Son rapport contient une série **d'indicateurs sociaux**, concernant sa politique d'emplois, de formation, de rémunération et donne la mesure de la satisfaction des salariés par rapport à cette politique.

Le choix des critères

Entre-temps, la **loi NRE**[1] a été votée en mai 2001, qui dispose dans son article 116 que les entreprises d'au moins 300 salariés doivent publier dans leur rapport annuel des données sur « la manière dont elles prennent en compte les conséquences sociales et environnementales de leur activité ». Elle prévoit pour cela des indicateurs ou paramètres à intégrer dans les rapports annuels, tant quantitatifs (effectifs, contrats CDI, absentéisme, rémunérations) que plus qualitatifs comme l'analyse des difficultés de recrutement, le bilan des accords collectifs, les relations avec les associations d'insertion…

> L'agence Arèse, pour sa part, fondait son évaluation sur huit critères : structure des effectifs (jeunes, seniors), politique d'emploi (entrées, sorties, taux de CDI…), formation, niveau des rémunérations…

Cette notation sociale permet de compléter l'appréciation des entreprises, au-delà de celles réalisées par les analystes financiers. Elle devient un élément important du « jugement » porté par les actionnaires, les clients, les fournisseurs, les candidats et les collaborateurs, et plus globalement ce que l'on appelle les ***stakeholders,*** c'est-à-dire ceux qui ont un enjeu dans l'entreprise. Cela va donc constituer un indice d'attractivité supplémentaire pour une entreprise par rapport à ses concurrents du secteur.

Cette notation sociale sera prépondérante pour les fonds de pension dits éthiques, qui, par exemple, excluent de leur portefeuille une entreprise qui ne respecterait pas les règles en matière de travail des enfants.

L'apport du marketing RH consistera alors à rechercher avec les spécialistes en ressources humaines du sujet les indicateurs

1. Relative aux Nouvelles Régulations Economiques.

Agence de notation sociale ou de *rating* social

Ce sont des agences privées dont la première en France a été Arèse, qui notent les entreprises sur leurs actions en matière de ressources humaines, d'environnement et sociétal notamment.

Le magazine *Management*[1] de décembre 2006 nous rappelle que « initialement, les gestionnaires de fonds éthiques constituaient le gros des clients des agences de notation sociale, mais de plus en plus d'entreprises font expertiser leurs pratiques sociales ou environnementales ».

Et le magazine *Enjeux* nous donne l'exemple de la PME Cari (BTP) qui a décidé « fin 2004 de créer une école interne de formation de maçons et de coffreurs. Raison : la notation sociale et environnementale demandée à BMJ Core-Rating avait mis en évidence les insuffisances de la politique sociale ». De même, en 2005, PSA a sollicité une notation extra-financière auprès de Vigéo, pour mobiliser le personnel sur des axes d'amélioration interne. En 2005, une quarantaine d'entreprises, PME ou multinationales cotées, ont demandé à une agence extra-financière de les évaluer.

Le magazine nous précise que « la notation sollicitée a été proposée suite au constat fait par les agences que leur métier originel, la notation dite déclarative financée par les investisseurs, n'était pas rentable ».

En Europe, près de 25 agences de notation sociale sont actives.

RH les plus significatifs, puis à les mettre en forme clairement (de plus en plus d'entreprises ont créé leur *balanced scorecard*) et les suivre dans la durée afin d'établir l'évolution annuelle.

Cette synthèse permettra d'une part à l'entreprise d'avoir un tableau de suivi de son activité RH et d'autre part de

1. 3 décembre 2006.

communiquer ces indicateurs à l'extérieur, notamment aux entreprises de notation sociale.

Évidemment, les notes données par les agences aux entreprises conféreront à ces dernières une image plus ou moins bonne aux yeux des candidats et plus généralement des partenaires, au sens large, de l'entreprise. Mais elles constitueront autant de déclics pour réaliser des actions de progrès.

L'enjeu va être de mesurer ce que l'on appelle la **responsabilité sociale de l'entreprise.**

Comment y parvenir ? La réalité sociale d'une entreprise ne se réduit pas au respect de critères qui, de plus, n'auront pas la même traduction ni la même importance d'un pays à l'autre. À terme, il conviendra donc d'affiner et de clarifier encore la définition de la notation sociale et d'instaurer un référentiel standard au niveau européen. En attendant, il s'agit déjà pour l'entreprise de disposer de critères pertinents, d'un outil d'évaluation de ses pratiques sociales et managériales adaptées à son secteur d'activité.

... Et des critères choisis

Comme le déclarait Nicole Notat, présidente de l'agence de notation sociale Vigéo, à l'occasion d'un débat organisé en septembre 2002 par *Enjeux les Échos* :

> *« Dès lors qu'un groupe se donne pour lui-même un certain nombre de principes, un certain nombre de références et de règles, il est évident que c'est à intégrer dans l'évaluation qui sera faite de ses propres performances et de ses propres résultats. Cette base de données n'existe pas, elle est éparse, sa réalisation est pourtant un préalable. »*

En décembre 2006, dans le magazine *Management*, Nicole Nota rappelle : « Le métier de Vigéo est de mesurer la responsa-

1. « Les cimentiers, pionners du rapport éthique », mars 2004.

bilité sociale de l'entreprise. Or social, en France, est synonyme de syndical ou de salarial. Mais cela ne représente qu'un seul de nos six domaines d'investigation. Il y a aussi l'environnement, le gouvernement d'entreprise, le comportement de l'entreprise sur les marchés (relations avec les clients, les fournisseurs...), le respect des droits humains fondamentaux, l'engagement sociétal. Quand nous auditons une entreprise à sa demande ou que nous procédons à une analyse sur des documents publics pour le compte d'un investisseur, nous étudions tous ces domaines ».

C'est pourquoi la mise en œuvre du marketing RH donne, là encore, une longueur d'avance aux entreprises soucieuses de prendre en compte leur **responsabilité sociale**. En effet, elles sont déjà inscrites dans cette logique de responsabilité sociale, en ayant placé leurs ressources humaines au centre de leur dispositif. Ainsi, elles disposent d'emblée des indicateurs pour répondre aux critères qui seront examinés, tant par les agences de notation sociale que directement par les actionnaires. Les salariés, quant à eux, auront déjà apprécié !

Performance et développement durable

« Avec l'accroissement des contraintes réglementaires en matière environnementale et sociale (mobilité, formation, pyramide des âges...) et la pression des consommateurs, la notation est un complément d'informations important pour les actionnaires, les investisseurs, les collectivités publiques, les clients... » déclare Geneviève Férone interviewée par l'UJJEF début 2004. [1]

« Sur le court terme, la notation n'a peut-être pas de développement majeur à attendre, mais à moyen terme (3 à 5 ans), les entreprises performantes seront celles qui allieront développement durable et performances. ».

1. « Geneviève Ferone et la notation sociale et environnementale », UJJEF e.letter, N° 10, janvier 2004.

En dernier ressort

Ce sont bien évidemment les collaborateurs de l'entreprise qui donneront corps à sa promesse de responsabilité sociale. Et ce sont eux qui, interrogés par des journalistes ou des enquêteurs cherchant à dresser un palmarès des entreprises « où il fait bon travailler », vont s'exprimer sur la réalité des pratiques socialement avancées que met en avant leur entreprise.

C'est ainsi que, dans un ouvrage *L'Ouvre-boîtes*[1], publié début 2003 par quatre journalistes, les entreprises sont classées par secteur et selon cinq critères principaux (mobilité, temps de travail, dialogue social, parité, éthique).

Courrier cadres,[2] qui a publié des informations sur ce classement, dresse un parallèle avec le palmarès du concours européen des meilleures pratiques en matière de formation tout au long de la vie, de diversité du personnel et d'égalité entre sexes. Publié le 27 mars 2003 par la Commission européenne[3], celui-ci ne laissait apparaître que cinq sociétés françaises parmi les cent classées par *L'Ouvre-boîtes*, dont quatre sont des filiales de groupes anglo-saxons. Cette sous-représentation s'expliquait par le fait que seules cinquante entreprises françaises avaient concouru à ce palmarès, contre cent cinquante pour la seule Irlande. On voit à travers cet exemple l'importance pour les entreprises de bien communiquer sur leurs ***best pratices*** et de faire savoir leur savoir-faire et leur savoir-être !

1. Ouvrage de Stéphanie Condis, Marion Deye, Vanessa Genin et Ninon Renaud, publié par Vie et Cie.
2. « Les entreprises où il fait bon travailler », 3 avril 2003.
3. Concours européen des matières pratiques.

Un nouvel équilibre

Figurer dans un palmarès des bonnes pratiques sur quelques critères ne garantit pas que l'entreprise soit en tout point vertueuse. Parler d'**éthique, de développement durable** par exemple, quand les pratiques managériales en sont l'expression du contraire ou manquent de transparence, ne pourra faire longtemps illusion lorsque des actionnaires, soucieux de l'opinion du public, des clients consommateurs, veilleront au respect de cette valeur, appréciée qui plus est par des agences de notation, en particulier sociale.

Mettre en avant des performances financières n'aura de sens que si les indicateurs concernant cette notation sociale se maintiennent. Inversement, des résultats difficiles pourront être tempérés par des **indicateurs sociaux** positifs, signe que les collaborateurs sont mobilisés pour redresser la situation de l'entreprise.

Bref, l'opposition entre capital financier et capital humain pourra être dépassée : il sera possible de développer la profitabilité de l'entreprise en inscrivant le développement de ses ressources humaines dans la durée. Sans doute est-ce à cette notion également que les collaborateurs seront le plus sensibles dorénavant dans le choix de leur futur employeur. Demain, sur un marché des ressources humaines beaucoup plus ouvert et compétitif, chacun n'aura-t-il pas finalement tendance à rechercher aussi, – en plus de tout le reste ! – une entreprise à valeurs ajoutées humaine et sociale.

Le directeur du centre de recherche du groupe ESCEM – Écoles Supérieures de Commerce et de Management – propose les **critères** suivants **pour caractériser les systèmes socialement performants** :

- Existence de plans de carrière intéressants.

- Politique de formation mise en place dans l'organisation.
- Prise en compte des performances individuelles.
- Sécurité de l'emploi.
- Souci de faciliter la participation des salariés (initiatives, décisions).
- Gestion des emplois et des qualifications.
- Participation financière aux résultats.

Comme il l'écrit :

« Il faut à l'entreprise une performance financière minimale, c'est elle qui va conditionner un certain niveau de pratiques sociales. On peut difficilement envisager un comportement citoyen sans un certain degré de profit. Mais par ailleurs, le management ne peut ignorer la synergie positive qui existe entre performance sociale et performance financière. »[1]

1. *ESCEM, le magazine*, mai 2003.

Conclusion

À l'heure où l'on parle de réconcilier les Français avec le travail, c'est en fait avec l'entreprise qu'il faut leur donner les moyens de recréer des liens durables. Fondamentalement, les outils pour y parvenir existent et ont déjà, en d'autres circonstances, fait leurs preuves. Il s'agit avant tout de gratter la couche des habitudes et des certitudes pour redécouvrir des pratiques que vingt ans de bouleversements économiques et sociaux avaient remisées au magasin des accessoires. Effet de balancier ou juste retour des choses ? L'accessoire redevient essentiel au moment où les ressources se raréfient et alors que l'entreprise a changé d'espace-temps pour s'adapter à des cycles économiques de plus en plus courts. Les changements sont plus rapides, les adaptations nécessaires sont donc plus nombreuses et la souplesse est devenue la vertu cardinale des entreprises performantes.

Le défi à relever n'est plus tant quantitatif que qualitatif, plus tant matériel qu'humain. C'est en fait la relation entre l'entreprise et ses collaborateurs qui, fondamentalement, doit à son tour épouser le cercle vertueux des meilleures pratiques. Un chantier complexe où l'improvisation n'a plus sa place et où il ne s'agit plus de gérer des flux et des stocks de ressources mais de créer et d'entretenir une relation de plus en plus personnalisée entre l'entreprise et chacun de ses collaborateurs.

Le marketing des ressources humaines permet de structurer, de revisiter cette relation à travers ses différentes étapes de conquête, de fidélisation, d'implication, d'animation et d'optimisation.

Il apporte des solutions concrètes et opérationnelles à celles et ceux, chefs d'entreprises, dirigeants, responsables des ressources humaines, managers qui cherchent à rendre à leur entreprise son attractivité et à recréer un lien, sur des bases plus personnelles et responsables, avec chacun de ses collaborateurs.

Sa mise en œuvre, certes exigeante, fournit des réponses simples aux questions complexes auxquelles les organisations doivent faire face dans un monde sans frontières, où chacun recherche de nouveaux repères et un sens à sa vie dans un environnement en perpétuel changement.

Enfin, le marketing des ressources humaines, par-delà ces aspects opérationnels et relationnels, ne va-t-il pas contribuer efficacement à donner une réalité à cette valeur montante, le capital humain ? Et à travers ce mariage consommé entre marketing et ressources humaines, faire de l'humain l'élément véritablement capital ?

050887 - (I) - (1,5) - OSB 100° - TYP - API

Achevé d'imprimer sur les presses de
SNEL Grafics sa
Z.I. des Hauts-Sarts - Zone 3
Rue Fond des Fourches 21 – B-4041 Vottem (Herstal)
Tél +32(0)4 344 65 60 - Fax +32(0)4 286 99 61
avril 2007 — 41489

Dépôt légal : mai 2007
Dépôt légal de la 1re édition : septembre 2004

Imprimé en Belgique